NOAM CHOMSKY

Requiem for the American Dream

불평등의 이유

부와 권력이 집중되는 10가지 원리

노엄 촘스키 지음 | 유강은 옮김

THE 10 PRINCIPLES
OF CONCENTRATION
OF WEALTH & POWER

이데아

그 시절이 기억날 만큼 나이 든 사람으로서 말하자면, 대공황 시절에는 상황이 좋지 않았다. 개인적으로 보기에는 지금보다 훨씬 나빴다. 하지만 어쨌든 이 상황을 벗어날 것이라는 느낌, 즉 상황이 좋아질 거라는 기대가 있었다. '오늘은 일자리가 없지만 내일은 다시 생길 테고, 우리 모두 함께 일해서 더 밝은 미래를 만들 수 있을 거야.' 당시는 다른 미래, 즉 정의와 평등과 자유를 더 많이 누리고 억압적인 계급 구조가 무너지는 미래를 열어 줄 것이라는 희망을 주는 정치적 급진주의가 만개한 때였다. 분명 '어쨌든 이런 세상이 올 거야'라는 막연한 느낌이 있었다.

예컨대, 우리 가족은 대부분 실업자 신세의 노동계급이었다. 노동
조합 운동의 부상 자체가 낙관주의와 부푼 희망의 반영이자 원천이
었다. 그런데 지금은 그런 것이 없다. 오늘날에는 어떤 것도 다시 오
지 않는다. 전반적으로 '이제 끝났다'는 느낌만이 있다.

여느 꿈이 다 그렇듯이, 아메리칸 드림에는 신화의 요소가 덕지덕
지 붙어 있다. 19세기의 꿈 중에는 호레이쇼 앨저Horatio Alger 이야기가
있다. '우리는 찢어지게 가난하지만 열심히 일을 할 테고, 그러면 빠
져나갈 길을 찾을 거야.' 이런 다짐은 얼마간 사실이었다. 내 아버지
를 예로 들어 보자. 아버지는 1913년에 동유럽의 무척 가난한 마을
에서 미국으로 왔다. 볼티모어의 열악한 공장에 취직할 수 있었고,
일을 하면서 돈을 모아 대학에 가고 학위를 받고 결국에는 박사학위
까지 받을 수 있었다. 아버지는 결국 이른바 '중산층'의 삶을 살았다.
많은 사람이 그렇게 살 수 있었다. 초창기에는 유럽에서 온 이민자들
이 모국에서는 꿈도 꾸지 못했을 수준의 부와 특권, 자유와 독립성
을 얻을 수 있었다.

이제 우리는 그런 일은 없다는 걸 안다. 실제로 이 나라의 사회적
이동성은 유럽보다 낮다. 그렇지만 꿈은 계속 이어지고 선전에 의해
조장된다. 정치인은 연설을 할 때마다 툭하면 이야기한다. "나를 찍
어 주세요. 그 꿈을 돌려드리겠습니다." 모두들 비슷한 말을 되풀이

한다. 심지어는 알고 하는지 모르고 하는지 몰라도, 그 꿈을 산산이 무너뜨리는 사람들이 그런 말을 한다. 하지만 그 '꿈'을 계속 유지시켜야 한다. 그렇지 않으면 세계 역사상 가장 부유하고 강력하며 이례적으로 유리한 조건을 누리는 나라에 사는 사람들에게 어떻게 주변에 보이는 현실을 직시하게 할 것인가?

불평등은 정말로 유례를 찾아보기 힘든 수준이다. 오늘날 전반적인 불평등을 살펴보면, 미국 역사상 최악의 시기처럼 보인다. 하지만 좀 더 자세히 들여다보면, 이 불평등은 인구의 극소수, 고작 1퍼센트가 막대한 부를 축적한 결과물임이 드러난다.

1890년대의 도금시대Gilded Age나 광란의 20년대Roaring Twenties처럼 지금과 다소 비슷한 상황이 펼쳐진 시기가 있었지만, 현 시기는 극단적이다. 부의 분배를 살펴보면 불평등은 주로 초부유층(말 그대로 0.1퍼센트가 **초부유층**이다)에서 기인하기 때문이다. 이런 불평등은 30년 넘게 사회·경제정책의 방향이 이동한 결과다. 검토해 보면 이 시기에 계속해서 정부 정책이 전체 국민의 의지와는 정반대로 부유층에게 막대한 이익을 주는 쪽으로 수정되었다. 그리고 국민 대다수는 30년 동안 실질소득이 거의 정체되었다. 이런 의미, 즉 독특한 미국적 의미의 중산층은 심각한 공격을 받고 있다.

계급 이동성은 아메리칸 드림에서 중요한 부분이다. 가난하게 태어나도 열심히 일하면 부자가 된다. 누구든지 어지간한 일자리를

'불평등의
이유'에
관한 노트

구하고, 집을 사고, 차를 사고, 아이들을 학교에 보낼 수 있다는 생
각……

　이런 꿈이 모조리 무너졌다.

서론

미국 사회를 한번 들여다보라. 화성에서 지구를 내려다본다고 상상해 보라. 무엇이 보이는가? 미국에는 민주주의처럼 공언된 가치들이 존재한다. 민주주의에서는 여론이 정책에 일정한 영향을 미치며, 정부는 국민에 의해 결정된 조치를 실행한다. 민주주의란 그런 것이다.

특권적이고 유력한 부문은 민주주의를 좋아한 적이 없고, 거기에는 아주 타당한 이유가 있다는 점을 이해하는 것이 중요하다. 민주주의는 권력을 일반 국민의 수중에 두고, 특권적이고 유력한 사람들에게서 앗아 간다. 이것이 부와 권력의 집중 원리다.

악순환

부의 집중은 권력의 집중을 낳는다. 특히 선거 비용이 급증해서 정당이 주요 대기업의 주머니 속으로 한층 더 깊숙이 들어갈 수밖에 없을 때는 더욱 그렇다. 이 정치권력은 순식간에 부의 집중을 심화하는 입법으로 전환된다. 따라서 재정정책은 조세정책, 규제 완화, 기업 지배구조 규정, 온갖 다양한 조치—부와 권력을 더욱 집중하기 위해 고안된 정치적 조치—와 마찬가지로 똑같은 일을 하기 위해 더 많은 정치권력을 낳는다. 지금까지 우리가 목도하는 것이 바로 이런 과정이다. 그리하여 이런 식의 '악순환'이 진행되는 것이다.

비열한 좌우명

무슨 말인가 하면, 부유층은 언제나 터무니없이 많은 정책 통제권을 가졌다. 사실 이런 현상은 수 세기를 거슬러 올라간다. 워낙 유구한 전통이라 1776년에 애덤 스미스Adam Smith가 설명하기도 했다. 유명한 《국부론An Inquiry into the Nature and Causes of the Wealth of Nations》에서 스미스는 잉글랜드에서 '주요한 정책 설계자'는 사회를 소유한 사람들, 즉 그 시절에는 '상인과 제조업자'들이라고 말한다. 그리고 그들은 잉글랜드 국민이나 다른 사람들에게 아무리 '가혹한' 영향이 미친다 할지라도 자기들의 이익이 충실히 보호받도록 확실히 보장한다. 오늘날에는 그 주인공이 상인과 제조업자가 아니라 금융기관과 다국적기업이다. 스미스가 '인간 지배자들'이라고 지칭한 이들은 "모든 것은 우리가 챙기고 다른 사람에게는 아무것도 주지 않는다"라는 '비열한 좌우명'을 따르고 있다. 그들은 그저 자기에게 이익을 주고 다른 모든 이에게 해를 끼치는 정책을 추구하고 있을 뿐이다.

그렇다. 바로 이것이 미국에서 면밀히 연구되어 온 정책의 일반적인 좌우명이다. 점점 이러한 정책이 추구되었고, 일반 대중이 대응하지 않는다면 계속해서 이러한 정책이 추구될 것은 자명한 사실이다.

차 례

'불평등의 이유'에 관한 노트 • 5
서론 • 9

원리 1 민주주의를 축소하라 • 20

부유한 소수 • 20 | 귀족과 민주주의자 • 23 | 불평등을 축소하라 • 24 | 미국 사회가 저지른 죄 • 26 | 상쇄하는 경향들 • 27

원리 1 참고 자료

1. 1787년 필라델피아에서 모인 헌법제정회의의 비공개 회의록과 논쟁 • 29 | **2.** 토머스 제퍼슨이 윌리엄 쇼트에게 보낸 편지 • 30 | **3.** 《정치학》 3권 8장 • 31 | **4.** 《정치학》 6권 5장 • 32 | **5.** '서머싯 대 스튜어트' 판결 • 33 | **6.** 맬컴 엑스의 '민주주의는 위선이다' 연설 • 34 | **7.** 마틴 루서 킹 2세의 '우리는 이제 어디로 가야 하는가?' 연설 • 35 | **8.** 게일로드 넬슨의 지구의 날 연설 • 36

원리 2 이데올로기를 형성하라 •38

민주주의의 과잉 •39 | 교육과 교의 주입 •41 | 비판자들에 대한 비난 •43 | 국익 •45

원리 2 참고 자료

1.《파월 메모》•47 | **2.**《민주주의의 위기: 민주주의의 통치 능력에 관해 삼자위원회에 제출된 보고서》•49 | **3.** 〈주의력 장애든 아니든 간에, 약은 학교에서 도움이 된다〉•52

원리 3 경제를 개조하라 •56

금융기관의 역할 •57 | 금융화 •58 | 해외 이전 •61 | 노동자 불안정성 •64 | 대항 세력 •66

원리 3 참고 자료

1. 〈단기 투자 집중을 중단할 것을 촉구하다〉•70 | **2.**《국부론》•71 | **3.** 미국 상원 은행주택도시문제위원회에서 앨런 그린스펀 의장이 한 증언 •73

원리 4 부담을 전가하라 •76

금권경제와 프레카리아트 •77 | 부자 감세 •80 | 다시 새로운 방향으로 •84

원리 4 참고 자료

1. 직원들에게 지급하는 최저임금을 두 배로 인상한 이유에 관한 헨리 포드의 말 •86 | **2.** 《금권경제: 사치품 구입과 글로벌 불균형에 대한 설명》 •87 | **3.** 제너럴모터스 회장 찰스 E. 윌슨이 국방장관에 지명될 당시 열린 미국 상원 군사위원회 청문회 •89 | **4.** 《경제 조사: 소득 불평등 심화는 미국의 경제성장을 어떻게 위축시키며, 이 물결을 바꿀 수 있는 방법은 무엇인가》 •90

원리 5 연대를 공격하라 •94

공교육에 대한 공격 •96 | 민영화 •98 | 누구를 위한 정부인가? •101 | 다시 연대를 향하여 •104

원리 5 참고 자료

1. 《도덕감정론》 •106 | **2.** 1935년 사회보장법 •107 | **3.** 1944년 제대군인사회복귀법 •107

원리 6 **규제자를 관리하라** •110

글래스-스티걸 법•111 | 회전문•112 | 로비•113 | 탈규제와 금융 붕괴•114 | 너무 덩치가 커서 감옥에 넣지 못한다•115 | 보모국가•116 | 외부 효과와 시스템 리스크•118 | 시장이 지배하게 하라•120

원리 6 참고 자료

1. 《번영의 경제학: 모두를 위한 경제 만들기》•124 | **2.** 〈기업 로비스트들은 어떻게 미국 민주주의를 정복했나?〉•125 | **3.** 《국제 구조조정의 논리: 경쟁하는 산업 단지들의 의존성 관리》•127 | **4.** 《국부론》•128 | **5.** 존 타일러 대통령이 아들 타일러 대령에게 보낸 편지•128

원리 7 **선거를 주물러라** •132

법인 기업의 인격•133 | 기업이 후원하는 선거•134 | 투표함을 넘어서•136

원리 7 참고 자료

1. 시민연합 대 연방 선거관리위원회 판결•139 | **2.** 버클리 대 발레오 판결•140 | **3.** 〈폭로: 왜 석학들은 거액 기부금과 2012년 선거에 관해 잘못 생각하고 있는가〉•141

원리 8 하층민을 통제하라 •144

뉴딜 정책 •146 | 기업계의 공세 •148 | 새로운 시대정신 •151 | 계급의식 •154

원리 8 참고 자료
1. 〈포드 인력, 루이스의 노동조합 조직자들 진압, 철강 파업에 8만 명 참여, 싸움 중에 16명 부상〉 •156 | **2.** 해리 트루먼의 켄터키 주 루이빌 연설 •157 | **3.** 더글러스 프레이저가 노사위원회에 보낸 사직서 •158 | **4.** 〈공장 팸플릿〉 •160

원리 9 동의를 조작하라 •164

홍보 산업의 부상 •165 | 소비자를 조작하라 •166 | 비합리적 선택 •168 | 선거의 기반을 무너뜨려라 •170 | 후보자를 선전하라 •171

원리 9 참고 자료
1. 《도덕, 정치, 문예 에세이》 •174 | **2.** 《프로파간다》 •175 | **3.** 〈사회적 금기에서 '자유의 횃불'로: 여성을 겨냥한 담배 마케팅〉 •176 | **4.** 《패스트푸드의 제국: 미국적인 음식의 어두운 면》 •177 | **5.** 《자유로운 노동의 두 배: 뉴사우스 죄수 노동의 정치경제학》 •179 | **6.** 〈오바마 승리! …… 애드에이지의 올해의 마케터〉 •180

원리 10 국민을 주변화하라 •182

초점이 맞지 않는 분노•184 | 인류의 생존•187 | 권위 구조는 자기정당화를 하지 않는다•191 | 변화•193

원리 10 참고 자료

1. 〈미국 정치 이론 검증: 엘리트, 이익집단, 보통 시민〉•197 | 2. 《후기 저작, 1925~1953. 6권: 1931~1932》•199 | 3. '브랜던버그 대 오하이오 주' 판결•200 | 4. '에드워즈 대 사우스캐롤라이나 주' 판결•201 | 5. 《타임스》 대 설리번 판결•202 | 6. 《달리는 기차 위에 중립은 없다》•204

옮긴이의 글•205
참고 자료•210
찾아보기•217

원리

01

민주주의를
축소하라

NOAM CHOMSKY

Requiem for the American Dream

원리 1

민주주의를 축소하라

미국 역사를 통틀어 더 많은 자유와 민주주의를 요구하는 아래로부터의 압력과 엘리트의 통제와 지배를 지키려는 위로부터의 시도가 끊임없이 충돌했다. 이 충돌은 미국의 건국 시절까지 거슬러 올라간다.

부유한 소수

미국 헌법의 주요 설계자인 제임스 매디슨James Madison은 그 시절 전 세계의 어느 누구 못지않게 민주주의를 신봉하는 사람이었다. 그럼에도 부유층의 수중에 권력을 두는 방식으로 미국 체제를 설계해야 하며, 실제로 자신의 구상대로 체제가 설계되었다고 생각했다. 부유층이야말로 가장 책임감 있는 집단이고, 편협한 이익이 아니라 공적인 이익을 마음에 두고 있다고 생각했기 때문이다.

따라서 공식적인 헌법 체제의 구조에서는 대부분의 권력이 상원의 수중에 있었다. 한 가지 유념할 것은, 그 시절에는 상원이 선출직이 아니었다는 사실이다. 사실 한 세기 전까지도 선출직이 아니었다. 상원은 주의회에서 선정되었고, 임기가 길었으며, 부유층에서 뽑혔다. 책임감이 있는 사람들이었다. 매디슨이 말한 대로, 자산 소유자들과 그들의 권리에 공감하는 사람들이었다. 그런 체제는 보호받아야 했다.

상원은 대부분의 권력을 가졌지만 국민들과는 가장 거리가 멀었다. 반면 국민들과 더 가까운 하원은 역할이 훨씬 미약했다. 행정부, 즉 대통령은 그 시절에 대외 정책과 기타 문제에 관해 얼마간 책임이 있는 행정가에 가까웠다. 오늘날과는 무척 다른 모습이다.

주된 문제는 '우리가 진정한 민주주의를 어느 정도나 허용해야 하는가?'라는 것이다. 매디슨은 (일종의 선전물이라 할 수 있는) 〈연방주의자 논설Federalist Papers〉이 아니라 (살펴보아야 할 가장 흥미로운 장소인) 헌법제정회의의 토론에서 이 질문에 대해 꽤 진지하게 토론했다.[1] 이 토론을 읽어 보면, 매디슨은 어지간한 사회라면 그 사회의 주된 관심사

---

1. 1787년 필라델피아에서 모인 헌법제정회의의 비공개 회의록과 논쟁. 29쪽을 보라.

는 "다수에 맞서서 부유한 소수를 보호하는" 일이어야 한다고 말했다. 그의 말에는 몇 가지 논거가 있었다.

매디슨은 자신이 염두에 둔 모델(물론 잉글랜드다)이 당대의 가장 발전된 나라이자 정치사회라고 말했다. 그는 묻는다. 만약 잉글랜드에서 모든 사람이 자유롭게 투표권을 가진다면 어떻게 될까? 그러면 다수의 빈민이 부자들의 재산을 빼앗기 위해 한데 뭉칠 것이다. 오늘날 우리가 토지개혁이라고 부르는 조치를 실행할 것이다. 대규모 사유지를 분할하고, 농촌의 질서를 해체하고, 사람들에게 자기네 땅을 주고, 불과 얼마 전에 인클로저 체제에서 쫓겨난 땅을 되찾으려 할 것이다. 그리하여 그들은 공유지였던 땅을 넘겨받기 위해 투표를 할 것이다.

그런데 매디슨은 그것은 분명 부당한 일이며, 따라서 그렇게 하면 안 된다고 말했다. 그러므로 아무도 부유층의 재산에 손대지 못하도록 (때로는 '다수의 폭정'이라 불리기도 했던) 민주주의를 가로막기 위해 헌법 체제를 만들어야 했다.

이렇듯 민주주의의 위험을 예방하기 위해 고안된 것이 이 체제의 구조였다. 물론, 매디슨을 변호하기 위해 그가 자본주의 이전 시대의 인물이었다는 말을 해야 한다. 그는 미국 부유층은 그 시절의 신화 속에 등장하는 로마 시대 신사들(만인의 복지를 위해 일하고 헌신하는 계몽된 귀족이자 자애로운 인물들)과 비슷하다고 생각했다. 그것은 하나

불평등의
이유

의 견해였는데, 매디슨이 구상한 헌법 체제가 실제로 만들어졌다는 사실에서 알 수 있듯이 아주 일반적인 견해였다.

그리고 1790년대로 접어들 무렵이면 매디슨이 증권거래인을 비롯한 투기꾼들이 자신들의 이익을 좇아 헌법 체제를 장악하고 파괴함에 따라 자신이 창조한 이 체제가 타락하고 있다고 통렬하게 비난했다는 사실을 언급해야겠다.

귀족과 민주주의자

선구적인 민주주의 이론가 토머스 제퍼슨Thomas Jefferson이 적어도 말로는, 그리고 얼마간 믿음으로도 표현한 또 다른 그림이 있었다. 그것은 제퍼슨 자신이 행동으로 보여준 것이 아니라 이른바 귀족과 민주주의자를 구분하면서 행동에 관해 발언한 말에서 보여준 것이었다. 그의 말은 아주 유창했다.

기본적으로 귀족들은 특별히 구별되는 특권적인 사람들로 이루어진 특수 계급에게 권력을 주어야 하며, 그러면 이 사람들이 결정을 내리고 올바른 일을 한다고 생각했다. 반면 민주주의자들은 권력을 국민의 수중에 두어야 한다고 믿었다. 결국 그들이 의사 결정, 더 나아가 궁극적으로 합리적인 행동의 보고寶庫이지만, 우리는 그들의 결정을 좋아하든 않든 간에 지지해야 한다.[2] 제퍼슨은 귀족이 아니라

2. 토머스 제퍼슨이 윌리엄 쇼트에게 보낸 편지, 1825년 1월 8일. 30쪽을 보라.

민주주의자들을 지지했다. 매디슨의 생각과는 정반대였다. 앞서 말했듯이, 매디슨이 체제가 어디로 가고 있는지를 발견하는 데는 오랜 시간이 걸리지 않았다. 바로 이런 분열이 미국 역사를 관통해 지금까지도 면면히 이어지고 있다.

불평등을 축소하라

흥미롭게도 이 논쟁은 유구한 전통으로 내려왔다. 이 논쟁은 고대 그리스의 정치적 민주주의에 관한 최초의 저술까지 거슬러 올라간다.[3] 처음으로 정치체제를 다룬 주요 저서는 아리스토텔레스의 《정치학 Politics》이다. 《정치학》은 여러 종류의 상이한 정치체제를 탐구한 두툼한 연구서다. 아리스토텔레스는 모든 정치체제 가운데 가장 좋은 것은 민주주의라고 결론짓는다. 그러나 곧바로 그는 매디슨이 지적한 바로 그 결함을 언급한다. 아리스토텔레스가 생각한 것은 한 나라가 아니라 아테네라는 도시국가였고, 그가 말하는 민주주의는 자유민 남성을 위한 것임을 유념해야 한다. 그러나 그것은 매디슨도 마찬가지였다. 그가 생각한 대상은 여성이 아니라 자유민 남성이었고, 물론 노예도 해당되지 않았다.

　아리스토텔레스는 아주 훗날의 매디슨과 똑같은 이야기를 했다. 만약 아테네의 정치체제가 자유민 남성을 위한 민주주의라면, 빈민

24

이유

3. 《정치학》 3권 8장, 아리스토텔레스. 31쪽을 보라.

들이 한데 뭉쳐 부자들의 재산을 빼앗는다는 것이었다. 똑같은 딜레마에 부딪혔지만, 두 사람은 정반대의 해법을 내놓았다. 매디슨이 내놓은 해법은 **민주주의를 축소하는** 것, 즉 부유층의 수중에 권력을 두고, 국민들이 하나로 조직되어 부자의 권력을 빼앗지 못하도록 여러 가지 방식으로 국민들을 파편화하는 것이었다. 아리스토텔레스의 해법은 정반대였다. 오늘날 우리가 말하는 복지국가를 제안한 것이다.[4] 아리스토텔레스는 **불평등을 축소하자**고 말했다. 공공 급식같이 도시국가에 적합한 조치를 통해 불평등을 줄이자는 것이었다. 문제는 똑같은데 해법은 정반대다. 한쪽은 불평등을 축소하면 이 문제가 사라진다고 말한다. 다른 한쪽은 민주주의를 축소하자고 말한다. 아무튼 이처럼 상충하는 열망이 이 나라의 토대를 이루고 있다.

불평등은 여러 결과를 낳는다. 불평등은 그 자체로 정의에 어긋날 뿐 아니라 사회 전체에 대단히 부정적인 결과를 낳는다. 심지어 건강 같은 문제에도 부정적인 영향을 미친다. 가난한 사회든 부유한 사회든 간에, 어떤 사회가 불평등할수록 건강 인자가 더 악화된다는 점을 보여주는 리처드 윌킨슨Richard Wilkinson 등의 훌륭한 연구가 있다. 심지어 부유층 사이에서도 그렇다. 불평등이라는 사실 자체가 사회관계·의식·인간 생명 등을 좀먹는 유해한 효과, 온갖 부정적 효과를 미치기 때문이다. 당연히 이러한 문제는 극복해야 한다. 아리스토텔레스가 옳았다. 민주주의의 역설을 극복하는 길은 민주주의를 축소

4. 《정치학》 6권 5장, 아리스토텔레스. 32쪽을 보라.

하는 것이 아니라 불평등을 축소하는 것이다.

미국 사회가 저지른 죄

미국 초창기에는 (희생자들에게 지나치게 관심을 기울이지 않는 한) 부와 자유, 성취와 영향력이 계속 커지는 무한한 미래가 있었다. 미국은 정착민-식민지 사회였고, 가장 야만적인 형태의 제국주의였다. 당신은 원주민을 대량 학살한 덕분에 더 부유하고 자유롭게 산다는 사실을 애써 외면해야 한다. 이것이 미국 사회가 처음으로 저지른 커다란 '원죄'이고, 사회의 다른 집단을 대규모로 노예로 삼은 것이 두 번째 커다란 원죄다(우리는 여전히 이 두 원죄의 결과를 안고 산다). 우리는 극심한 노동 착취와 해외 정복 등을 애써 외면한다. 그런 사소한 문제를 외면하면 우리의 이상에는 일정한 진실이 존재한다. 중요한 문제는 언제나 '과연 우리는 어느 정도나 진정한 민주주의를 허용해야 하는가?'였다.

헌법 제정기로 거슬러 올라가 보면(지금 우리는 18세기 말에 관해 이야기하는 중이다), 새로운 사회를 어떻게 조직하고 건설할지에 관해 상충하는 견해들이 있었다. 잊지 말아야 할 것은 노예주들이 압도적인 영향력을 갖고 있었다는 점이다. 실제로 미국혁명에서 중요한 요인은 노예제였다. 1770년에 이르면, 영국의 판사들(맨스필드 경Lord Mansfield

이 가장 유명하다)은 이미 노예제가 용인되기 힘든 역겨운 제도라고 분명히 밝히고 있었다. 미국의 노예 소유주들은 불길한 징조를 느꼈다. 만약 식민지가 계속 영국의 지배를 받았다면 필시 조만간 노예제가 불법화되었을 것이다. 이런 사실이 식민지 반란에서 중요한 요인이었다는 확실한 증거가 있다.[5] 애초에 노예주들이 반란에 큰 영향을 미쳤고, 그중에서도 버지니아가 가장 강력했다. 동북부에서는 노예제 반대가 시작되었지만, 규모가 작았고 헌법에도 그런 사정이 반영되어 있다.

상쇄하는 경향들

미국 역사를 살펴보면, 이 두 경향의 끊임없는 투쟁의 역사다. 주로 일반 국민들에게서 나오는 민주화 경향, 즉 아래로부터의 압력은 많은 승리를 거뒀다. 이를테면 인구의 절반을 차지하는 여성은 1920년대에 투표권을 쟁취했다. (여기서 자부심을 느낀다면 성급한 생각이다. 거의 같은 시기에 아프가니스탄에서도 여성의 권리가 극적으로 향상되었기 때문이다.)

노예들은 **공식적으로** 자유를 얻었지만, 실상은 달랐다. 실제로 노예들은 1960년대까지도 공식적인 자유를 얻지 못했고, 여러모로 제약을 받았다. 현대 체제에도 사실 아직 노예제의 잔재가 상당히 있지

5. '서머싯 대 스튜어트' 판결, 영국 왕좌재판소, 1772년 5월 14일, 맨스필드 경이 표명한 의견. 33쪽을 보라.

만, 투표와 정치에 참여할 자격은 19세기에 오히려 축소되었다. 그리고 만만찮은 노동자 조직들이 생겨났고, 많은 승리를 거뒀다.

이와 같은 투쟁이 끊임없이 이어지고 있다. 퇴보의 시기가 있는가 하면, 진보의 시기도 있었다. 예컨대 1960년대는 뚜렷한 민주화의 시기였다. 원래는 보통 수동적이고 무관심한 집단들이 조직을 이루어 활동하면서 자신들의 요구를 압박하기 시작했다.[6] 그들은 정책 결정과 활동, 그 밖의 많은 분야에 점점 더 관여하게 되었다. 바야흐로 문명화의 시기였다. 그런 사정 때문에 '소란의 시대Time of Troubles'라고 부르는 것이다.[7] 이 시대를 거치면서 소수자 권리, 여성 권리, 환경에 대한 관심, 침략 반대, 다른 나라 국민에 대한 관심 등 여러 면에서 사람들의 의식이 바뀌었다.[8]

이 모든 것은 문명화 효과를 발휘했고, 커다란 공포를 야기했다. 유감스럽게도 나는 1960년대의 이러한 문명화 효과에 대한 반발의 힘을 미처 예상하지 못했다. 그 반발력이 이 정도로 강할 줄은 미처 몰랐다. 그 효과에 대처하기 위해 동원된 경제 세력이나 훈육 기법, 이데올로기적 반동을 미처 알지 못했다.

6. 맬컴 엑스의 '민주주의는 위선이다' 연설, 1960. 34쪽을 보라.
7. 마틴 루서 킹 2세의 '우리는 이제 어디로 가야 하는가?' 연설, 1967년 8월 16일. 35쪽을 보라.
8. 게일로드 넬슨의 지구의 날 연설, 1970년 4월 22일. 36쪽을 보라.

1

1787년 필라델피아에서 모인 헌법제정회의의 비공개 회의록과 논쟁

매디슨 씨 사람들은 살면서 다양한 활동을 하기 때문에 모든 문명국에서는 공동체의 이해관계가 나뉩니다. 채무자와 채권자가 있고, 자산 소유가 불균등하기 때문에 정부에 대한 견해와 목적이 다릅니다. 사실 이런 점이 귀족정의 기본 원리이며, 고대에나 현대에나 모든 정부에는 이것이 뒤섞여 있습니다. 작위만 남고 재산을 모조리 잃은 경우에도 이 고귀한 거지는 오만하고 건방지지요.

재산을 소유한 사람, 소파나 마차에 느긋하게 누워 있는 사람은 날품팔이 노동자의 욕구나 감정을 판단할 수 없습니다. 우리가 세우려는 정부는 오랜 세월 지속되어야 합니다. 지금으로서는 토지 소유자의 이익이 지배적이지만, 시간이 지나면서 우리가 유럽의 정부나

29

왕국들과 가까워지고 다양한 상업과 제조업을 통해 지주의 수효가 비교적 적어지면 미래의 선거에서는 토지 소유자의 이익이 압도당하지 않을까요? 그전에 현명하게 대비하지 않는다면, 여러분의 정부가 어떻게 되겠습니까? 오늘날 잉글랜드에서 만약 선거를 모든 계급의 사람들에게 개방한다면, 토지 소유자의 재산이 불안해질 것입니다. 조만간 토지균분법이 시행될 겁니다. 제 의견이 정당하다면, 우리 정부는 혁신에 대항해서 이 나라의 영구적인 이익을 보장해야만 합니다. 지주들이 정부에서 일정한 몫을 차지하고, 자신들의 소중한 이익을 옹호하고, 나머지 사람들에 대해 균형을 잡고 견제해야 합니다. 지주들을 많이 임명해서 다수에 대항해 부유한 소수를 보호해야 합니다. 따라서 상원이 이런 기구가 되어야 합니다. 이런 목적에 부합하도록 종신적인 지위와 안정성을 가져야 합니다. 이제까지 다양한 제안이 나왔지만, 제 의견은 그들이 오랫동안 공직에 있을수록 이런 견해에 더 잘 부응할 수 있다는 겁니다.

2

토머스 제퍼슨이 윌리엄 쇼트에게 보낸 편지,
1825년 1월 8일

66 모름지기 사람은 각자의 체질에 따라, 그리고 그가 처한 환경에

따라 의견이 확연히 갈립니다. 어떤 이는 이름을 뭐라 붙이건 간에 휘그당원, 자유주의자, 민주주의자이고, 다른 이는 토리당원, 노예주의자, 귀족이지요. 후자의 사람들은 대중을 두려워하고, 모든 권력을 사회의 상층계급에게 넘겨주기를 바랍니다. 전자의 사람들은 대중을 가장 안전한 권력 저장소로 여기고, 따라서 궁극적으로 대중을 소중히 아끼며, 모든 권한을 유능하게 행사할 수 있는 대중에게 주기를 바랍니다. 오늘날 합중국에서 나타나는 여론의 분열은 바로 이런 겁니다.

3

《정치학》 3권 8장, 아리스토텔레스

“ 민주정과 과두정의 진정한 차이점은 가난과 부다. 지배자가 그 수가 많든 적든 간에 재산이 많기 때문에 권력을 가지면 그것은 과두정이다. 한편 빈민이 지배하면 민주정이다. 대체로 지배자들이 부를 통해 권력을 잡는 경우에 그들은 소수이지만, 빈민이 지배하면 그들은 다수다. 부유한 사람은 원체 적지만, [도시국가의 시민이라면] 모두가 자유롭기 때문이다. 그리고 부와 자유야말로 이 두 집단이 정부를 놓고 다투는 진정한 이유다.

대중이 최고 권력을 갖는다고 해서 반드시 민주정인 것은 아니다.

또 소수자가 정부 체제에 대해 권력을 갖는다고 해서 반드시 과두정인 것은 아니다. 만약 어떤 도시국가에서 다수가 부자이고 최고 권력을 갖는다면 누구도 이것을 민주정이라고 부르지 않을 것이며, 또한 소집단의 빈민이 숫자가 더 많은 부유한 사람들을 통제한다면 누구도 이것을 과두정이라고 부르지 않을 것이다. 그보다는 자유민이 최고 권력을 가지면 민주정이고, 부자들이 최고 권력을 가지면 과두정이라고 보는 것이 옳다.

다수의 자유로운 빈민이 최고 권력을 잡을 때는 민주정이고, 소수의 부유한 귀족의 수중에 최고 권력이 있을 때는 과두정이다.

4

《정치학》 6권 5장, 아리스토텔레스

❝ 가난이야말로 민주정의 결함을 낳는 원인이다. 따라서 번영이 지속되게끔 조치를 취해야 한다. 이런 번영은 부유층 자신을 비롯한 모든 계급에 유익하기 때문에 세수의 수익을 적립해 두었다가 빈민에게 목돈으로 나눠 주는 것이 적절한 방책이다. 기금이 충분히 적립되었을 경우 최선의 분배 방법은 농지를 구입할 수 있거나 아니면 적어도 장사나 농사의 밑천이 될 수 있을 정도로 지원금을 주는 것이다.

'서머싯 대 스튜어트' 판결, 영국 왕좌재판소,
1772년 5월 14일, 맨스필드 경이 표명한 의견

" 노예제는 자연이나 정치의 어떤 원리로부터 추론이나 추정을 해서 재판소가 도입할 수 없는 성격의 것입니다. 노예제는 실정법에서 시작된 것으로, 어떤 나라나 시대에도 다른 원천에서 그 기원을 찾을 수는 없습니다. 태곳적부터 사용되다 보니 당시의 모든 흔적이 사라지고 오랜 뒤에도 실정법의 기억이 유지되는 것입니다. 노예제가 도입된 이유나 근거, 시기는 사라지고 없습니다. 그리고 워낙 혐오스러워서 노예들이 처한 상태를 엄밀하게 고려해야 하는 경우에, 이 나라에서는 노예를 원래 주인에게 반환하는 권한이 절대 행사된 적이 없습니다. 이 나라에서는 어떤 주인도 노예가 제 할 일을 내팽개치고 도망갔다는 이유로, 또는 다른 어떤 이유로도 강제로 노예를 잡아서 해외에 팔아서는 안 됩니다. 우리는 이 반환에서 내세우는 이유가 우리 왕국의 법률에서 허용되거나 승인된다고 말할 수 없으며, 따라서 이 흑인은 방면해야 합니다.

맬컴 엑스의 '민주주의는 위선이다' 연설, 1960

❝ 흑인이 법정에서 발언권을 갖지 못한다면 그것은 도대체 어떤 사회·정치 체제입니까? 백인이 당신에게 내주는 것 말고 자신에게 유리한 것을 아무것도 갖지 못한다면요? 형제자매 여러분, 우리는 이런 현실을 끝내야 합니다. 우리가 직접 나서기 전까지는 절대 끝나지 않을 겁니다. 그들은 피해자를 공격하며, 피해자를 공격한 범인이 피해자가 자기를 공격했다고 고발합니다. 이런 것이 미국의 '정의'입니다. 이것이 미국의 '민주주의'이고, 그것을 익히 아는 여러분은 미국에서 민주주의는 위선이라는 것을 압니다. 자, 만약 제 말이 틀리다면 저를 감옥에 집어넣으세요. 그러나 여러분이 미국에서 민주주의가 위선이 아니라는 것을 증명하지 못한다면, 제게 손대지 마십시오. 민주주의는 위선입니다. 민주주의가 자유를 의미한다면 왜 우리는 자유롭지 못합니까? 민주주의가 정의를 의미한다면 왜 우리는 정의를 누리지 못합니까? 민주주의가 평등을 의미한다면 왜 우리는 평등을 누리지 못합니까? 이 나라의 흑인 2000만 명이 백인 가정의 꼬마 boy처럼 살았습니다. 심지어 우리를 꼬마라고 부릅니다. 아무리 덩치가 커도 꼬마라고 부릅니다. 당신이 대학교수일 수 있어도 백인한테는 그냥 또 다른 꼬마일 뿐입니다.

7

마틴 루서 킹 2세의 '우리는 이제 어디로 가야 하는가?'
연설, 1967년 8월 16일

" '우리는 이제 어디로 가야 하는가?'에 관한 이야기가 결론을 향해 가는 지금, 나는 여러분에게 이 운동이 미국 사회 전체를 개조하는 문제에 역점을 두어야 한다는 사실을 직시하자고 말하고 싶습니다. 여기에 4000만 명의 가난한 사람들이 있습니다. 우리는 꼭 한 번쯤 물어야 합니다. '왜 미국에 4000만 명의 가난한 사람이 있는가?' 이것을 묻기 시작하면 경제체제에 관한 질문, 그러니까 부의 분배라는 더 광범위한 질문을 제기하는 셈입니다. 이 질문을 던지는 순간, 자본주의 경제에 의문을 제기하는 셈입니다. 단순하게 말해서 나는 우리가 점점 더 전체 사회에 관한 질문을 던지기 시작해야 한다고 생각합니다. 우리는 인생의 시장에서 낙오한 거지들을 도우라는 요청을 받습니다. 하지만 언젠가는 거지를 만들어 내는 체제를 재구성할 필요가 있음을 알게 될 겁니다. 그러니까 의문을 제기해야 한다는 말입니다. 여러분, 나의 친구들, 이 문제를 부여잡다 보면 언젠가는 이런 질문을 던지게 될 겁니다. '누가 석유를 소유하지?' 또 이런 질문을 던지게 될 겁니다. '누가 철광을 소유하지?'

게일로드 넬슨의 지구의 날 연설, 1970년 4월 22일

❝ 이 자리에 참석하여 단순한 생존의 문제를 넘어서는 문제에 대해 관심과 약속을 보여준 여러분에게 축하의 말씀을 드립니다. 우리가 어떻게 살아남아야 하는지는 매우 중대한 문제입니다.

'지구의 날'은 세대와 이데올로기를 가로지르는 광범위한 새로운 국민적 관심사가 존재함을 보여주는 극적인 증거입니다. 이 날은 젊은 세대와 나이 든 세대가 우리가 추구하는 가치와 우선순위에 관해 새로운 소통을 하고 있음을 상징적으로 보여줍니다.

이 폭넓은 새로운 합의를 활용합시다. 여기서 멀어지지 맙시다. 국민총행복Gross National Quality을 국민총생산Gross National Product, GNP과 동등하게 여기는 것을 목표로 삼는 새로운 국민적 연합을 형성합시다.

'생태의회Ecology Congress'를 92대 의회로 선출하기 위해 전국적인 캠페인을 벌입시다. 생태의회는 더 많은 고속도로와 댐, 무기 경쟁을 고조할 새로운 무기 체계를 구축하는 대신에 미국 시민들 사이에, 그리고 인간계와 자연계 사이에 다리를 놓을 것입니다.

지구의 날은 여전히 이 사회의 구조 자체를 산산이 파괴할 위협이 되는 문제들 (…) 인종, 전쟁, 빈곤, 현대 제도 등의 문제 해결을 새로운 긴급 과제로 놓고 지원할 수 있으며 또 마땅히 그래야 합니다.

이데올로기를
형성하라

NOAM CHOMSKY

원리 2

이데올로기를 형성하라

닉슨 시절 내내 진행된 평등주의적 시도를 물리치기 위해 1970년대를 시작으로 기업계에서 거대하고 집중적이며 일치단결된 공세가 있었다.

　　여러 면에서 이 공세를 바라볼 수 있다. 우파 쪽에서는 유명한《파월 메모Powell Memorandum》같은 것에서 공세가 드러난다. 훗날 대법관이 되는 파월Lewis Franklin Powell은 기업의 주요 압력단체인 상공회의소에 보낸 메모에서 기업들이 사회에 대한 '통제권'을 상실하고 있으며, 이 세력들에 '반격하기' 위한 모종의 행동을 해야 한다고 경고했다.[1]

38

불평등의
이유

1.《파월 메모》, 루이스 프랭클린 파월 2세, 1971. 47쪽을 보라.

메모에서 파월은 미국에서 가장 박해받는 계급은 자본가계급이라고 했다. 기업 소유주인 최고 부유층은 철두철미하게 박해를 받았다. 헛소리를 질러대는 좌파(허버트 마르쿠제Herbert Marcuse, 랠프 네이더Ralph Nader, 언론, 대학)들이 모든 것을 차지했지만, '우리'는 돈이 있으니까 반격을 할 수 있다. '우리'가 해야 하는 것은 '우리'의 경제력을 활용해서 그가 말하는 이른바 '자유(사실은 우리의 권력을 뜻한다)'를 지키는 일이었다.

물론 그는 "외부의 권력에 대항해서 우리 자신을 지키자"고 수세적인 언어로 이야기한다. 그러나 글을 들여다보면 자신들이 통제하는 자원을 활용하여 이런 민주화의 물결을 받아치기 위한 공세를 대대적으로 펼치자고 기업에 호소하는 내용이다.

민주주의의 과잉

반대쪽 극단에 있는 자유주의적 국제주의에서도 무척 흡사한 반응이 있었다. 삼자위원회Trilateral Commission가 처음 내놓은 주요 보고서 《민주주의의 위기The Crisis of Democracy》가 바로 이와 관련되어 있다.[2] 삼자위원회는 3개의 주요 산업자본주의 체제(유럽, 일본, 북아메리카)에 속한 자유주의적 국제주의자들이다. 삼자위원회의 면모는 그 구성원이 거의 전적으로 카터 행정부로 충원된 사실을 보면 극명히 드러난

2. 《민주주의의 위기: 민주주의의 통치 능력에 관해 삼자위원회에 제출된 보고서》, 1975. 49쪽을 보라.

다. 그만큼 정치 스펙트럼에서 반대쪽 극단에 있다.

이제 그들 역시 1960년대의 민주화 경향에 겁을 집어먹으면서 '아무래도 대응을 해야겠다'고 생각했다. 그들은 '민주주의의 과잉'이 생겨나고 있다고 우려했다. '특수 이익집단'이라 불리며 전에는 수동적이고 순종적이던 일부 국민 집단(여성, 젊은이, 노인, 노동자)이 조직화되어 정치 무대에 등장하기 시작한 것이다. 그들은 이런 움직임이 체제에 지나친 압력을 가한다고 말했다. 체제는 이 모든 압력을 다룰수 없다. 따라서 이 집단들은 다시 수동적인 태도를 찾고 탈정치화되어야 한다.

그들은 특히 1960년대에 전개되는 상황의 최전선에 있던 젊은이들에게 벌어지는 일을 우려했다. 젊은이들은 지나치게 자유롭고 독립적으로 변하고 있다. 그들의 생각에 따르면 학교와 대학, 교회, 다시 말해 '젊은이들에게 교의를 주입하는' 책임이 있는 제도들에서 실패가 나타났다. 나의 표현이 아니라 **그들의 표현**이다. 그들이 말하는 대로 '민주주의를 완화'하면 상황이 좋아질 것이다.

삼자위원회의 자유주의자들은 더 나아가 언론을 통제하기 위해 더 나은 교의 주입을 다시 도입하고, 사람들을 다시 수동적 태도와 무관심으로 내몰고, '올바른' 종류의 사회가 발전하게 내버려 두는 조치를 제안했다. 이 스펙트럼 전반에 걸쳐서 그들은 다양한 제안을 실행했으며, 종합적인 경제적 변화를 야기해 이 조치들을 실행하기 위한 수단을 제공하는 데 도움을 주었다.

교육과 교의 주입

직접적인 인과관계를 확정하기는 어렵지만, 일반적인 경향은 어렵지 않게 확인할 수 있다. 예컨대 젊은이들을 대상으로 하는 교의 주입을 보자. 1970년대 초반부터 대학생들을 통제하기 위한 수많은 과정이 진행되기 시작했다. 그 시절을 떠올려 보면, 캄보디아 침공 직후에 나라 전체가 폭발하고 있었다. 대학이 폐쇄되고, 사람들이 워싱턴에서 행진을 벌였다. 이 통제는 여러 가지 형태를 띤다. 대학의 건축 구조가 바뀌었다. 그 시기부터 일관되게 학생들이 모일 수 있는 장소를 없애는 방향으로 새로운 대학 건축 구조가 고안되었다(이런 추세는 우연히도 국제적으로 벌어진다). 그러니까 학생들을 좁은 길 같은 곳으로 유도하되 버클리의 스프라울홀Sproul Hall처럼 학생들이 모여서 일을 벌일 만한 장소는 없애야 한다.

70년대 이래 대학 등록금이 오르기 시작해서 지금은 터무니없이 높다. 이번에도 역시 이와 같은 등록금 인상이 특별히 계획된 것임을 보여주는 자료는 없지만, 그 결과는 눈에 빤히 보인다. 무엇보다도 이 때문에 많은 국민들이 고등교육 선택권을 빼앗겼다. 더구나 대학을 다닐 능력이 있는 이들조차 대부분은 결국 빚더미에 올라앉게 된다.

41

대학생들이 보통 10만 달러의 빚을 지고 대학을 졸업한다면, 그들은 그야말로 빚의 덫에 걸린 셈이다. 다른 선택의 여지가 거의 없다. 게다가 이 채무는 상환하기 힘든 방식으로 구조화되어 있고, 사업 채무나 개인 채무와 달리 파산을 할 수도 없다. 죽을 때까지 계속 따라다니면서 사회보장 연금을 갉아먹을 수도 있다. 결국 권력에 종속되어 자기 몸을 바쳐야 하는 것이다.

유치원에서 고등학교 시절까지도 사정은 별반 다르지 않다. 이 시기의 교육 경향은 기계적인 기술로 교육을 축소하고, 교사와 학생 모두의 창의성과 독립성을 훼손하는 것이다. '시험 맞춤형 교육', '낙오 학생 0명', '1등 경쟁' 등등 다 같은 말이다. 이런 것들은 교의 주입과 통제 수단이라고 보아야 마땅하다. 물론 단순히 자유로운 교육을 축소하거나 제거하는 또 다른 방법도 있다.

차터스쿨charter school(열악한 시설과 학력 저하 등 공립학교의 문제를 해결하기 위해 1990년대에 미국에서 등장한 자율형 공립학교. 주정부의 인가charter를 받은 민간 주체가 주정부의 지원과 기부금으로 예산을 충당해 운영하며, 학교 운영은 자율적으로 한다. 전인교육과 창의교육을 표방하며 학업 성취도 향상을 장점으로 내세우지만 공교육 저하와 높은 수업료 등 문제점도 제기된다—옮긴이) 시스템의 부상 또한 공립학교 시스템을 파괴하려는 속이 빤히 들여다보이는 시도다. 차터스쿨은 공공 기금을 민간 기관으로 끌어당기는 방편이며, 결국 공립학교 시스템이 훼손될 것이다. 이 모든 유리한 조건을 가지고도 성취도를 향상하지 못하는데, 이런 일이 전반적으로 벌어지고 있다. 결국 공적 기관이 파괴되는 것이다.

저소득층 지역에 사는 아동의 학업 성취도를 향상하기 위해 아동에게 아무런 문제가 없다는 걸 뻔히 알면서도 약을 처방하는 일부 의사들의 말을 인용한 《뉴욕타임스New York Times》 기사가 있었다.[3] 그들이 말하는 대로, 실제로 우리 사회는 사회가 아니라 아이들을 바꾸기로 결정했다. 이 아이들은 저소득층 지역 출신인 데다 예산 부족 등의 문제를 겪는 학교 출신이다. 이 아이들은 공부를 잘하지 못하며, 따라서 우리는 아이들에게 약을 쏟아붓는다. 우리 사회가 그렇게 결정한 문제가 아니다. 사회의 지배자들이 그렇게 결정한 것이다.

비판자들에 대한 비난

'반미주의자'라는 개념은 무척 흥미롭다. 사실 이것은 전체주의의 개념으로, 자유로운 사회에서는 사용하지 않는다. 이탈리아의 어떤 사람이 실비오 베를루스코니Silvio Berlusconi나 국가의 부패를 비판한다고 해서 '반이탈리아주의자'라고 불리지는 않는다. 사실 로마나 밀라노의 거리에서 그 사람을 반이탈리아주의자라고 말한다면 사람들이 폭소를 터뜨릴 게 분명하다. 옛 소련에서는 반체제 인사들이 '반소

3. 〈주의력 장애든 아니든 간에, 약은 학교에서 도움이 된다〉, 《뉴욕타임스》, 앨런 슈위츠, 2012년 10월 9일. 52쪽을 보라.

주의자'라고 불렸다. 그것은 최악의 비난이었다. 브라질 군사독재 시절에는 그런 사람들이 '반브라질주의자'라고 불렸다. 이런 개념은 국가가 사회, 문화, 국민 등과 동일시되는 문화 속에서만 생겨난다. 따라서 만약 당신이 국가권력(여기서 내가 말하는 국가는 정부만이 아니라 하나의 유기체로서 국가의 권력state corporate power까지 의미한다)을 비판하고 권력 집중을 비판하면, 당신은 사회에 반대하고 국민에 반대하는 셈이다. 미국에서 이런 개념이 사용되는 것은 무척 놀라운 일인데, 사실 내가 아는 한 민주주의 사회에서 이 개념이 조소를 받지 않는 것은 미국이 유일하다. 이 개념은 추하기 짝이 없는 엘리트 문화의 요소들을 보여주는 징후다.

오늘날 어느 사회라고 할 것도 없이 비판자들이 비방과 푸대접을 받는 것은 사실이다. 사회의 성격에 따라 그 방식은 각기 다르다. 1980년대의 옛 소련에서는 투옥당했고, 같은 시기에 엘살바도르에서는 미국이 관리하는 테러 세력이 반체제 인사들의 머리를 날려 버렸다. 다른 사회에서는 비판자들이 단순히 비난을 받거나 욕을 먹는 식이다. 그런 것이 정상이고 예상할 수 있는 일인데, 미국에서는 이렇게 쓰이는 욕설 가운데 하나가 '반미주의자'라는 말이다. '마르크스주의자'처럼 욕설로 쓰이는 말이 여럿 있지만, 사실 큰 의미는 없다. 자유로운 사회니까 말이다. 미국은 비판할 거리가 무수히 많지만 그래도 여러 면에서 세계에서 제일 자유로운 사회로 손꼽힌다. 억압이 있다고 해도, 인구의 절대다수를 차지하는 상대적으로 특권적인 국민들은 아주 높은 수준의 자유를 누린다. 그러니 공산당 인민위원 같은 사람들이 당신을 헐뜯는다고 해도 걱정할 게 뭔가. 그냥 하던 대로 하면 된다.

국익

우파 쪽의 파월은 '우리는 돈이 있고, 이사회가 있으며, 규율을 강제할 것'이라고 생각한다. 자유주의자들이 보기에 그것은 비교적 부드러운 수단이지만, 우리도 똑같은 일을 해야 한다. 실제로 삼자위원회는 언론이 통제 불능이며, 계속 그렇게 무책임하다면 질서를 잡기 위해 정부의 통제가 필요할지 모른다고 주장했다. 언론을 지켜본 이들이라면 언론이 워낙 순응적이라는 것을 알기 때문에 당혹스러울 것이다. 그러나 자유주의자들이 보기에 언론은 지나치게 방종했고, 때로는 마음에 들지 않는 일을 했다.

그들이 연구한 내용을 살펴보면 절대 언급하지 않는 한 가지 이익이 있다. 민간 기업의 이익이 그것이다. 왜 그런지 이해가 간다. 민간 기업은 정의상 특수 이익집단이 아니라 그 자체가 국익이기 때문이다. 그러니까 기업은 환영받는다. 기업은 로비스트를 거느리고 캠페인을 매수하고 행정부에 직원을 심고 중요한 의사 결정에 참여해도

되지만, 나머지 특수 이익집단, 즉 일반 국민은 억눌러야 한다.

자, 이런 식의 스펙트럼이다. 이것은 일종의 이데올로기적 수준의 반동이다. 그러나 이 반동과 나란히 벌어지는 주요한 반동은 경제를 개조하는 것이다.

1

《파월 메모》, 루이스 프랭클린 파월 2세, 1971

❝ 공격의 차원

사려 깊은 사람이라면 누구나 미국의 경제체제가 광범위하게 공격받고 있다는 사실에 의문을 품을 수 없다. 이 공격은 규모와 강도, 활용되는 기술과 가시성의 정도에서 다양하다. (…)

공격의 원천

원천은 다양하고 널리 퍼져 있다. 충분히 예상할 수 있는 일이지만, 공격의 원천에는 공산주의자, 신좌파, 그 밖에 정치·경제적으로 체제 전체를 파괴하려는 혁명가 등이 포함된다. 이런 좌파 극단주의자들은 미국 역사상 그 어느 때보다 많고, 재정도 탄탄하며, 사회의 다른 집단들에게 더 환영과 격려를 받는다. 하지만 그들은 여전히 소수파이며, 아직 주된 관심 대상이 아니다.

비판의 합창에 가세하는 가장 불온한 목소리는 사회의 체통 있는 집단들, 즉 대학 캠퍼스, 석학, 언론, 지식과 문학 저널, 예술계와 과학계, 정치인 등에게서 나온다. 이 집단들의 대다수에서 체제에 반대하는 운동에 가담하는 이들은 소수일 뿐이다. 그렇지만 종종 저술과 강연에서 이자들의 목소리는 가장 명확하고, 울림이 크고, 왕성하다. (…)

공격의 어조

(…) 미국 기업계에 맞서는 가장 효과적인 적수를 한 명만 꼽으라면 아마 랠프 네이더일 것이다. 네이더는 (주로 언론 덕분에) 당대의 전설이자 수많은 미국인들의 우상이 되었다. 최근《포춘》은 기사에서 네이더에 관해 다음과 같이 말했다. "그를 다스리는 열정(그는 정말 열정적인 사람이다)은 그가 증오하는 표적, 그러니까 기업 권력을 완전히 박살내는 것을 목표로 한다. (…)"

무관심과 기업의 태만

(…) 미국 기업계는 '명백히 고통받고 있다.' 광범위한 비판자들에 대해 이제까지 보인 대응은 효과가 없었다. 유화책도 마찬가지였다. 이제 미국 기업들이 지혜와 창의력과 자원을 그들을 파괴하려는 세력

에 대항해 정렬할 때가 되었다. 아니, 이미 한참 늦었다.

기업 경영진의 책임

(…) 무엇보다 중요한 점은 기업가들이 생존—우리가 말하는 자유 기업 체제의 생존, 그리고 미국의 힘과 번영, 미국인의 자유를 계획하는 모든 것의 생존—이 궁극적인 문제라는 사실을 인정하는 것이다.

더욱 공세적인 태도

지금이야말로 역사를 통틀어 생산 능력과 소비자 결정에 영향을 미치는 능력을 가장 크게 보여준 미국 기업계가 그 위대한 재능을 체제 자체의 보전을 위해 단호하게 활용할 때다.

2

《민주주의의 위기: 민주주의의 통치 능력에 관해
삼자위원회에 제출된 보고서》, 1975

66 미국 민주주의의 활력과 통치 능력

1960년대에 우리는 미국에서 민주주의 정신이 극적으로 부활하는 모습을 목도했다. 60년대를 지배한 추세 가운데는 기존 정치·사회·경제 제도의 권위에 대한 도전, 이런 제도에 대한 대중의 참여와 통제 증대, 연방정부 행정부로 권력이 집중되는 것에 대한 반발과 의회 및 주정부, 지방정부의 권력 재주장 찬성, 지식인을 비롯한 엘리트 집단의 평등 이념에 대한 새로운 몰두, '공익' 압력단체의 등장, 소수민족과 여성이 정치 조직과 경제에 참여할 권리와 기회 제공에 대한 관심 증대, 지나친 권력이나 부를 소유하거나 심지어 소유하고 있다고 여겨지는 이들을 겨냥한 비판의 확산 등이 있었다. 항의의 정신, 평등의 정신, 불평등을 폭로하고 바로잡으려는 충동이 도처에 퍼져 있었다. 60년대의 화두는 잭슨Andrew Jackson식 민주주의와 추문 폭로였다. 그 화두는 미국의 전통에 깊숙이 박혀 있지만 60년대처럼 열정적이고 강렬한 헌신을 불러일으키지는 못했던 이념과 신념을 구현했다. 60년대는 민주주의 이념의 생명력을 증명했다. 이 10년은 민주주의가 고조되고 민주적 평등주의가 거듭 주장된 시기였다. (…)

물론 60년대는 또한 다른 형태의 시민 참여, 즉 행진과 시위, 항의 운동, '대의' 추구 조직(코먼코즈Common Cause나 네이더 그룹, 환경 단체 등)의 약진을 특징적으로 보여주었다. 사회 전반에 걸친 참여의 확대는 흑인, 인디언, 멕시코계 미국인, 비앵글로색슨 백인 이민자 집단, 학생, 여성 등의 자의식이 두드러지게 높아졌다는 사실에서도 알 수 있었다. 이 집단들은 모두 자신들이 생각하는 행동과 보상의 적절한 몫을 얻기 위해 새로운 방식으로 결집하고 조직되었다. (…) 예전에는 수동적이거나 조직화되지 않았던 집단들이 이제 과거에는 자신들이 받을 자격이 있다고 생각하지 않았던 기회와 지위, 보상과 특권에 대한 권리를 주장하기 위해 일치된 노력에 착수했다. (…)

정부 권위의 약화

(…) 60년대 민주주의 물결의 본질은 기존의 공적·사적 권위 체제에 대한 전반적인 도전이었다. 이 도전은 가족, 대학, 기업체, 공적·사적 협회, 정치, 정부 관료제, 군대 등에서 이런저런 형태로 모습을 드러냈다. 사람들은 이제 예전처럼 연령이나 지위, 신분, 전문성, 명성, 재능 등에서 자신보다 우월하다고 여겼던 이들에게 복종해야 한다는 의무감을 느끼지 않았다. (…) 위계, 전문성, 부에 근거한 권위는 모두 당시의 민주적이고 평등한 기질에 정면으로 위배되었고, 60년대 동안 이 세 가지 권위의 원천은 맹공격을 받았다.

결론: 민주적 균형을 향하여

(…) 언젠가 앨 스미스Al Smith는 다음과 같이 말했다. "민주주의의 병폐를 치료하는 유일한 약은 더 많은 민주주의다." 우리가 분석한 바로는 현 시기에 이런 치료제를 쓰면 불길에 기름을 붓는 격이 된다. 오히려 오늘날 미국 통치 구조의 문제 가운데 일부는 민주주의의 과잉에서 유래한다. 데이비드 도널드David Donald가 남북전쟁을 촉발하는 데 기여한 잭슨주의 혁명의 영향을 거론하면서 사용한 '민주주의의

과잉'이라는 표현과 같은 의미로 말이다. 오히려 우리에게 필요한 것은 민주주의를 더욱 절제하는 일이다.

3

〈주의력 장애든 아니든 간에, 약은 학교에서 도움이 된다〉,
《뉴욕타임스》, 앨런 슈워츠, 2012년 10월 9일

❝조지아 주의 마이클 앤더슨Michael Anderson 박사는 초등학교에서 문제를 겪는 저소득층 환자들에 관해 들을 때면 대개 애더럴Adderall 이라는 강력한 약을 한번 써보라고 처방한다.

이 약은 주의력결핍 과잉행동장애ADHD를 가진 아동의 집중력을 높이고 충동을 억제해 준다. 앤더슨 박사는 비록 ADHD라는 진단을 내리지만, 그것은 '만들어진 질환'이며 자신이 생각하는 이 아동들의 진짜 질병, 즉 부적절한 학교의 형편없는 학업 성취도를 치료하기 위해 이 약을 처방하고자 만든 '구실'이라고 말한다.

애틀랜타 북쪽 체로키 카운티에서 많은 저소득층 가족을 돌보는 소아과 의사인 앤더슨 박사는 "내게는 선택의 여지가 많지 않다"고 말했다. "우리 사회는 아동이 처한 환경을 바꾸는 것은 비용이 너무 많이 든다고 판단했다. 그러니까 결국 아이를 바꿔야 한다."

앤더슨 박사는 일부 의사들 사이에서 관심을 얻고 있는 견해를 솔직하게 발언하는 주창자로 손꼽힌다. 이 의사들은 꼭 ADHD를 치료하기 위해서가 아니라 아이들의 학업 성취도를 높이기 위해 돈이 많지 않은 학교에서 분투하는 학생들에게 흥분제를 처방하고 있다.

앤더슨 박사가 확산되는 추세의 대표자인지는 아직 분명치 않다. 하지만 일부 전문가들은 부유층 학생들이 대학과 고등학교에서 이미 더 좋은 성적을 올리기 위해 흥분제를 남용하는 것처럼, 성적이 불안정한 저소득층 초등학생과 자녀의 성공을 열망하는 부모들에게 약물 치료가 활용되고 있다고 말한다.

세인트루이스에 있는 워싱턴 대학의 아동 정신건강 사업 연구자로 저소득층 아동의 처방약 사용 전문가인 라메시 라가반Ramesh Raghavan 박사는 이렇게 말했다. "우리 사회는 이 어린이들과 가족에게 효능이 센 약품 말고는 더 개입하려고 하지 않았다. 우리는 사실상 지역사회의 정신과 의사들에게 향정신성 의약품을 활용 가능한 유일한 도구로 사용하라고 강제하는 셈이다."

원리

03

경제를
개조하라

NOAM CHOMSKY

Requiem for the American Dream

경제를 개조하라

1970년대 이래 '인간 지배자들', 사회의 소유주들은 두 가지 결정적인 면에서 경제를 전환하기 위해 일치된 노력을 기울였다. 하나는 금융기관, 즉 은행과 투자회사, 보험사 등의 역할을 늘리는 것이다. 최근의 경제 붕괴를 눈앞에 둔 2007년에 이르러 금융기관은 말 그대로 전체 기업 이윤의 40퍼센트를 차지했다. 과거 어느 때보다도 높은 수치였다.

금융기관의 역할

오랫동안 그러했듯이, 미국 경제는 1950년대에도 주로 생산에 기반을 두었다. 미국은 세계의 거대한 제조업 중심지였다. 금융기관은 경제에서 비교적 작은 부분이었고, 그 임무는 은행예금처럼 사용되지 않는 자산을 생산 활동으로 분배하는 것이었다. 그것은 경제에 기여하는 일이다. 규제 체제가 확립되었다. 은행은 규제를 받았다. 상업은행과 투자은행이 분리되었고, 개인에게 해를 끼칠 수 있는 위험한 투자 관행이 줄었다. 뉴딜 규제가 통용되던 시기에는 금융 붕괴가 전혀 일어나지 않았다는 사실을 기억하자. 그런데 1970년대에 이르러 상황이 바뀌었다.

1970년대 초까지만 해도 제2차 세계대전의 승전국인 미국과 영국이 확립한 국제경제 체제가 존재했다. 미국의 해리 덱스터 화이트Harry Dexter White와 영국의 존 메이너드 케인스John Maynard Keynes가 주역이었다. 브레턴우즈 체제라고 불린 이 체제는 자본 규제에 상당히 많은 근거를 두었는데, 따라서 각국 통화는 금에 연동된 달러에 비례해서 조정되었다. 이제 통화 투기가 거의 없었다. 투기를 할 여지가 전혀 없었기 때문이다. 국제통화기금International Monetary Fund, IMF은 자본 수출에 대한 정부 통제를 허용하고 심지어 지지했다. 세계은행World Bank은 국가가 운영하는 개발 프로젝트에 재정을 지원했다. 50년

대와 60년대에는 이런 체제가 있었지만, 70년대에 이르러 완전히 해체되었다. 통화 통제는 제거되었고, 그 결과 예상대로 통화 투기가 곧바로 급격하게 증가했다.

금융화

그와 동시에 산업 생산의 수익률이 감소했다. 여전히 이윤이 충분했지만 수익률은 감소했다. 따라서 투기 자본 유입이 엄청나게 증가했으며(천문학적으로 증가했다), 전통적인 은행 업무에서부터 위험도가 높은 투자와 복잡한 금융 도구, 통화 조작 등에 이르기까지 금융 부

불평등의
이유

국내총생산 대비 부문 가치
2010
11%
21%
금융업
제조업

문에서 거대한 변화가 이어졌다.

미국 기업들은 점차 생산을 하지 않는다. 적어도 이 나라에서는 하지 않는다. 이사 선임에서도 이런 변화가 감지된다. 1950년대와 60년대에는 미국 주요 대기업의 수장이 MIT 같은 대학에서 산업 경영을 전공한 엔지니어 출신인 경우가 많았다. 소유주와 경영자 계급 사이에는 사회의 본질을 돌보는 것이 좋겠다는 인식이 있었다. 이 사회가 자신들이 거느리는 노동력이고 자기 물건을 파는 시장이며, 자기 기업의 미래를 내다보아야 한다는 인식이 있었던 것이다. 그런데 점점 이런 인식이 약해지고 있다.

최근에는 중역과 최고 경영진의 주축이 다양한 금융 책략을 배운

경영대학원 출신이다. 그리하여 기업과 기업 지도부의 태도가 바뀌었다.[1] 기업에 대한 충성심은 줄어들고 자기 자신에 대한 충성심은 높아진다. 이제 주요 기업에서 출세하는 길은 다음 4분기에 좋은 실적을 보여주는 것이다. 그것은 기업의 장기적인 미래가 아니며(다음 분기에 끝어낼 수 있는 성과일 뿐이다), 또한 그 실적에 따라 당신의 연봉과 상여금 등이 결정된다. 따라서 단기 수익을 버는 방향으로 사업 행태를 설계하고, 그렇게 해서 엄청난 돈을 벌 수 있다면 사업이야 망하든 말든 손 털고 떠나면 된다. 이미 돈과 황금 낙하산golden parachute(적대적 기업 인수·합병을 막기 위해 경영진이 퇴직할 때 거액의 퇴직금을 지급하는 방법 등으로 회사 가치를 떨어뜨리는 전략—옮긴이)을 챙겼으니까. 그리하여 기업을 다루는 방식의 본질 자체가 크게 바뀌었다.

예컨대 1980년대에 이르러 제너럴일렉트릭General Electric Company, GE은 미국 내에서 생산보다는 돈놀이를 통해 더 많은 수익을 벌었다. 오늘날 GE가 사실상 금융기관이라는 사실을 유념해야 한다. 이 기업은 복잡한 방법으로 돈을 이리저리 굴리며 수익의 절반을 벌어들인다. GE가 경제에 소중한 어떤 일을 하고 있는지는 무척 불분명하다. 따라서 이제까지 벌어진 일은 경제에서 금융의 역할이 크게 커지고 그에 따라 국내 생산이 감소한 것이다. 이것이 바로 경제의 '금융화'라고 불리는 현상이다. 이와 더불어 생산의 해외 이전offshoring이 진행되고 있다.

1. 〈단기 투자 집중을 중단할 것을 촉구하다〉, 《월스트리트저널》, 저스틴 라하트, 2009년 9월 9일. 70쪽을 보라.

노동비용이 더 저렴하고, 보건·안전 기준이 없고, 환경 제약이 없는 곳, 예컨대 멕시코 북부, 중국, 베트남 등지로 생산을 이전함으로써 미국의 생산 역량을 비워 버린다는 의식적인 결정이 이루어지고 있다. 생산 업체들은 여전히 많은 돈을 벌지만 생산은 다른 곳에서 하고 있다. 다국적기업들, 특히 경영자와 중역, 주주들에게는 이 모든 것이 아주 수익성이 좋지만, 물론 국민들에게는 아주 유해하다. 따라서 최대 규모의 기업 중 하나인 애플은 대만 소유의 중국 고문실拷問室에서도 기꺼이 생산을 할 것이다. 지금 딱 그런 지경까지 왔다. 중국은 주요한 조립 공장이다. 중국 서남부에 있는 폭스콘에서는 부품과 구성품을 생산해 인접 산업 지역(일본, 싱가포르, 대만, 한국, 미국)으로 보낼 수 있다. 그 수익은 주로 미국에서 발생하지만, 중국에서도 백만장자와 억만장자가 생겨나고 있다. 제3세계에서 전통적으로 나타나는 현상이다.

실제로 국제 '자유무역협정free trade agreements, FTA'이라 불리는 협정은 전혀 **자유**무역이 아니다. 무역 체제는 세계 각지에서 노동자들이 서로 경쟁하게 만드는 공공연한 방식으로 재구성되었다. 그 결과로 노동자들의 소득이 차지하는 비중이 줄었다. 이런 현상은 미국에서 특히 두드러지지만, 전 세계적으로 벌어지고 있다. 결국 미국 노동자

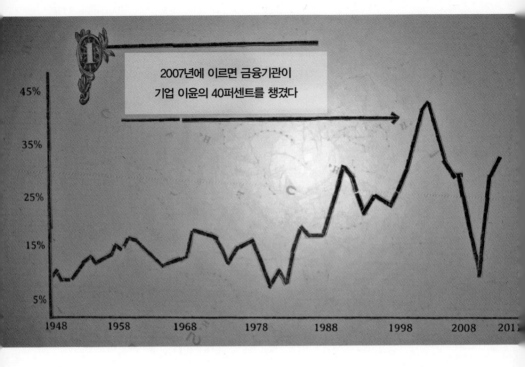

2007년에 이르면 금융기관이
기업 이윤의 40퍼센트를 챙겼다

는 중국에서 고도로 착취를 당하는 노동자와 경쟁해야 한다.

또한 중국에서도 불평등이 엄청나게 심화되고 있다. 중국과 미국 두 나라는 이런 점에서 가장 극단에 있다. 중국에서 불평등을 극복하기 위해 노동자 투쟁이 수없이 벌어지고 있지만 정부는 매우 혹독하게 진압한다. 불평등을 극복한다는 것이 쉬운 일은 아니지만 무언가, 그것도 전 지구적으로 벌어지고 있다. 미국은 실제로 작동하는 가치, 예컨대 부의 집중, 노동 대중에 대한 과세, 권리 박탈, 착취 등을 수출한다. 현실 세계에서 실제로 이런 것들이 수출되고 있다. 이것은 부자와 특권층을 보호하기 위한 무역 체계를 설계하면서 자동적으로 따라오는 결과다.

최근 미국의 제조업 부문에서는 실업률이 대공황 시절 수준으로 치솟았다. 그렇지만 근본적인 차이가 있다. 적어도 지금과 같은 프로그램이 계속되는 한 사라진 일자리들이 다시 돌아오지 않는다는 것이다. 사회정책이 바뀌지 않는 한 이 제조업 일자리는 다시 돌아오지 않는다. 왜냐하면 사회를 운영하는 이들, 다시 한 번 애덤 스미스의 표현을 빌리면 '인간 지배자들'에게는 다른 계획이 있기 때문이다. 그들은 대규모 제조업이 미국에 되돌아오게 하는 데 관심이 없다. 환경적 제약이 전혀 없는 다른 나라에서 매우 저렴한 노동력을 착취해서 더 많은 수익을 벌 수 있기 때문이다.

한편 많은 보수를 받는 전문직은 보호를 받는다. 그들은 세계의 나머지 지역과 경쟁하지 않는다. 경쟁과는 거리가 멀다. 물론 자본은 자유롭게 이동한다. 반면 노동자들은 자유롭게 이동하지 못한다. 한마디로, 노동은 자유롭게 이동할 수 없지만 자본은 가능하다.[2] 이번에도 역시 애덤 스미스 같은 고전적 저술가로 돌아가 보면, 그가 지적했듯이 "노동의 자유로운 이동"은 모든 자유무역 체제의 토대이지만 노동자들은 거의 묶여 있다. 부자와 특권층은 보호를 받으니, 그

2. 《국부론》, 애덤 스미스, 1776. 71쪽을 보라.

결과는 명백하다. 그리고 그들은 인정을 받을 뿐 아니라 심지어 찬양받기까지 한다.

노동자 불안정성

정책은 불안정을 심화하는 방향으로 설계된다. 앨런 그린스펀Alan Greenspan은 의회에 출석하여 증언하면서 경제 운영 성공의 바탕에는 '노동자 불안정성 확대'가 있었다고 설명했다.[3] 노동자들을 계속 불안정하게 만들면 순순히 통제된다는 것이었다. 따라서 적절한 임금이나 노동조건, 자유로운 결사의 기회(노동조합 결성)를 요구하지 않을 것이다. 노동자들을 계속 불안정하게 만들면, 지나친 요구를 하지 않을 것이다. 형편없는 일자리라도 기꺼이 감수할 뿐 아니라 적정 임금이나 노동조건, 복지 혜택을 요구하지도 않을 것이다. 일부 경제학 이론에서는 이런 상황을 건전한 경제로 간주한다.

　미국인들이 지난 30년 동안 경기 침체가 지속되는 와중에도 자신들의 생활방식을 유지할 수 있었던 비결은 무엇보다도 노동시간을 늘리는 것이었다. 미국의 노동시간은 현재 유럽보다 훨씬 많고, 복지 혜택은 줄어들었으며, 사람들은 빚을 져가면서 그럭저럭 살고 있다. 노동자 불안정성이 심화하면 사람들은 생활을 유지하기 위해 점점 더 빚에 빠져든다. 돈을 빌리고 쓸모없는 자산을 사들이고 주택 가격

3. 미국 상원 은행주택도시문제위원회에서 앨런 그린스펀 의장이 한 증언, 1997년 2월 26일. 73쪽을 보라.

이 부풀려지면, 이 모든 것이 소비나 미래를 위한 밑천이나 자녀 교육을 위해 활용할 수 있는 부라는 환상이 생겨난다. 물론 이 모든 것은 지속될 수 없다.

현재 미국은 비교 가능한 비슷한 나라들에 비해 노동시간이 훨씬 긴데, 이런 상황은 징계 효과를 발휘한다. 자유가 줄고 여가와 생각을 위한 시간이 적어지는 반면, 지시에는 더 순응하게 되는 것이다. 긴 노동시간은 큰 효과를 발휘한다. 이제 부모가 모두 일터에서 일을 해야 하는데, 비슷한 수준의 다른 나라들과 달리 공공 서비스가 전혀 없기 때문에 가족이 붕괴하고 있다. 만약 지금과 같은 사회적·경제적 경향이 지속된다면, 경영자와 임원이 되는 우리 손자들은 점차 일자리를 중국 서남부로 옮길 것이다. 이 전문직 부문에서는 기회가 존재할 것이다. 그러나 대다수 국민들에게는 사실상 맥도날드 점원 같은 서비스 노동만 남는다.

그렇다고 해도 인간 지배자들에게는 아무 문제가 없다. 그들은 수익을 벌어들인다. 그러나 국민들은 참혹한 결과를 맞는다. 이 두 과정, 즉 금융화와 해외 이전은 부의 집중과 권력의 집중이라는 악순환으로 이어지는 전체 과정의 일부분이다. 생산 업체들은 여전히 많은 돈을 벌지만 다른 나라에서 벌어들인다. 미국의 주요 대기업들은 수익의 대부분을 해외에서 벌어들이며, 이런 상황 때문에 사회를 지탱하는 부담이 나머지 국민들에게 전가될 갖가지 기회가 생겨난다.

대 항 세 력

현재 도드-프랭크 법Dodd-Frank Act(2008년 금융위기 이후 오바마 행정부
가 마련해 2010년에 발효한 금융 개혁 법안. 시스템 리스크 예방책 마련, 파
생금융 상품 규제 강화, 금융 소비자 보호 장치 신설, 대형 금융회사들에 대
한 각종 감독·규제책 신설 등을 골자로 한 법으로 1930년대 글래스-스티걸
법 이후 최대 규모의 금융 규제 법이다─옮긴이) 같은 모종의 규제 조치
를 복원하려는 시도가 진행되고 있다. 그러나 기업계는 예외 규정을
만들기 위해 열심히 로비를 벌였으며, 그 결과 그림자금융 체제shadow
banking system(투자은행, 헤지펀드, 구조화투자기구Structured Investment Vehicle,
SIV, 자산유동화 상업어음ABCP conduit, MMF 등 상업은행과 유사한 기능을 수
행하지만 관련 규제를 받지 않는 자금 운용 체제를 가리킨다─옮긴이)의 상
당 부분이 로비 단체의 압력으로 규제를 면제받고 있다. 그리고 권
력 체계들로부터 자신들의 권력과 이윤을 확대하는 것을 막는 어떤
제약도 방지하기 위해 끊임없이 압력이 가해질 것이다. 이것은 확실
히 말할 수 있다. 이런 압력을 막을 수 있는 유일한 대항 세력은 **당신**
이다. 대중이 반격을 가하는 정도만큼 (거대 은행을 규제할 뿐 아니라 이
은행들이 적법성을 입증하도록 요구하는) 효과적인 시스템이 만들어질
수 있다. 그리고 이런 요구는 금융 체제를 이루는 기관들 전반에 대
해 폭넓게 이루어져야 한다. 이것은 조직화되고 분명한 목표를 추구

하는 헌신적인 국민들에게 주어진 또 다른 과제다. 단순히 금융기관을 규제하는 것이 아니라 **애초에 왜 그 기관들이 존재하는지**를 물어야 하는 것이다.

미국이 제조업을 보유하지 않는 것은 자연법칙이 아니라는 점을 유념하자. 경영진은 왜 그런 결정을 내려야 했을까? 왜 그런 결정을 이른 바 '이해 당사자들stakeholders', 즉 노동자와 지역사회에게 맡겨서는 안 되는가? 왜 **그들**은 철강 산업을 어떻게 할지 결정해서는 안 되는가? 왜 그들은 철강 산업을 **운영해서는** 안 되는가? 이것들은 아주 구체적인 질문이다. 실제로 만약 대중이 충분히 결집해서 행동에 나선다면 적절한 제품을 생산하는 제조업을 미국 내에 보유하리라는 것을 보여 주는 사례가 많이 있다. 한 가지 인상적인 사례를 들어 보자.

기억하겠지만, 주택 거품이 빠지고 금융이 붕괴된 뒤 정부는 자동차 산업을 상당 부분 인수했다. 이 기업들은 사실상 국유화되어 정부의 수중에 들어갔다. 국민의 수중에 들어왔다는 말이다. 다시 말해, 국민들이 할 수 있는 선택이 있었다. 조직화되고 적극적인 대중이 있었다면, 우리 같은 사람들이 자동차 산업을 어떻게 할지 선택할 수 있었을 것이다. 그러나 유감스럽게도 그와 같은 적극적인 결집과 조직화가 없었고, 따라서 권력자들에게 유리한 결과가 자연스럽게 도출되었다. 자동차 산업은 세금으로 회생해서 사실상 원래 소유주에게 돌아갔다. 사람들의 면면은 바뀌었을지 몰라도 같은 은행, 같은 금융기관이었다. 그리고 계속해서 예전과 똑같이 자동차를 생산한다.

또 다른 가능성도 있었다. 자동차 산업을 노동자와 지역사회에 인계해서 그들이 어떻게 할지를 민주적으로 결정할 수 있었다. 어쩌면 노동자와 지역사회는 미국에 절실하게 필요한 것을 생산하기로 결정했을지 모른다. 거리에 더 많은 자동차를 쏟아낼 것이 아니라 우리 자신에게 이익이 되고 후손들에게도 이익이 되도록 효율적인 대중교통을 생산하기로 말이다. 우리가 살아남을 수 있는 세계가 있다면, 그것은 자동차가 아니라 효율적인 교통수단으로 이루어진 세계일 것이다. 이런 방향으로 자동차 산업을 개조하는 일은 비용이 많이 들지 않을뿐더러 노동자와 지역사회에 이익이 되고, 우리에게 이익이 되며, 미래에도 이익이 된다. 그렇지만 그것은 가능성에 그쳤으며, 이런 일은 언제나 끊임없이 일어나고 있다.

미국은 전 세계 국가, 특히 선진국 가운데 고속 대중교통 수단이 없는 몇 안 되는 나라에 속한다. 베이징에서 카자흐스탄까지는 고속열차로 갈 수 있지만 뉴욕에서 보스턴까지는 그럴 수 없다. 내가 사는 보스턴에서는 사람들이 출퇴근하는 데 하루에 말 그대로 서너 시간을 허비한다. 정말 쓸데없는 시간 낭비다. 합리적인 대중교통 시스템만 구축하면 이 모든 문제를 극복할 수 있고, 우리가 직면한 주요 문제, 즉 환경 문제를 해결하는 데도 크게 기여할 수 있을 뿐 아니라

크고 작은 다른 여러 가지 일을 할 수 있다.

　따라서 미국 내 생산이 미국인 전체와 미국 노동자, 미국 소비자, 세계의 미래에 이익이 되지 않을 이유가 전혀 없다. 분명, 이익이 될 수 있다.

1

<단기 투자 집중을 중단할 것을 촉구하다>,
《월스트리트저널》, 저스틴 라하트, 2009년 9월 9일

" 버크셔해서웨이 최고경영자 워런 버핏Warren Buffett, 뱅가드 그룹 창업자 존 보글John Bogle, 전 IBM 최고경영자 루이스 거스트너Louis Gerstner 등이 서명해서 수요일에 발표될 예정인 애스펀 연구소의 성명에 따르면 투자자와 기업 이사회, 경영자가 단기 수익에 집중하는 태도가 경제에 극심한 손해를 미치게 된 나머지 이제 그들이 자발적으로 행동을 바꾸지 않는다면 규제자가 개입해야 한다.

세간의 주목을 받는 경영자, 투자자, 학자 등 18명은 성명서에서 다음과 같이 선언했다. "우리는 단기적 목표만을 추구한 결과 미국 자유기업 체제의 지속적인 토대이자 결과적으로 미국 경제의 토대가 되는 기업에 대한 신뢰가 잠식되었다고 믿는다."

지난 수십 년 동안 투자자들이 점차 단기 투자에 집중하면서 거래 빈도가 점점 높아졌다. 이를테면 1990년에는 뉴욕 증권거래소에서 거래되는 주식의 평균 보유 기간이 26개월이었는데, 지금은 9개월 미만이다. 또한 경영자들이 애널리스트의 분기별 배당소득 산정과 같은 단기 목표 달성에 집중하고, 그 결과로 종종 연구개발과 같이 장기 성장을 증진하는 조치를 등한시함에 따라 기업들도 점점 단기 투자에 집중하게 되었다.

2
_____

《국부론》, 애덤 스미스, 1776

❝ 유럽의 정책은 사물들을 완전한 자유 상태에 두지 않음으로써 훨씬 더 중요한 다른 불균등을 야기하고 있다.

이것은 주로 다음과 같은 세 가지 방법으로 이루어진다. 첫째, 일부 업종에서 거기에 참여하려고 하는 수보다 적은 수로 경쟁을 제한하는 것, 둘째, 다른 업종에서는 경쟁을 자연적으로 이루어지는 수준 이상으로 강화하는 것, 셋째, 한 업종에서 다른 업종으로 그리고 한 장소에서 다른 장소로 노동과 자본의 자유로운 이동을 방해하는 것이다. (…)

셋째, 유럽의 정책은 (…) 각기 다른 업종의 불리한 조건은 물론 유리한 조건에서도 매우 불편한 불균등을 야기하는 경우가 많다.

도제조례Statute of Apprenticeship는 동일한 장소에서조차 노동이 한 업종에서 다른 업종으로 자유롭게 이동하는 것을 방해한다. 그리고 동업조합의 배타적 특권은 동일한 업종에서조차 한 장소에서 다른 장소로 노동이 자유롭게 이동하는 것을 방해한다. (…)

한 업종에서 다른 업종으로 노동의 자유로운 이동을 방해하는 것은 모두 자본의 자유로운 이동도 방해한다. 왜냐하면 어떤 사업 부문에 투하될 수 있는 자본량은 그 사업에 고용될 수 있는 노동량에 크게 의존하기 때문이다. 그러나 동업조합법Corporation Laws은 한 장소로부터 다른 장소로 노동의 자유로운 이동보다 자본의 자유로운 이동을 덜 방해한다. 왜냐하면 부유한 상인이 도시자치체town corporation에서 영업할 특권을 얻는 것은 가난한 노동자가 일할 특권을 얻는 것보다 어디에서나 훨씬 쉽기 때문이다.

동업조합법이 노동의 자유로운 이동을 방해하는 것은 유럽의 모든 곳에서 공통적이다. 그러나 구빈법Poor Laws이 노동의 자유로운 이동을 방해하는 것은, 내가 아는 한 잉글랜드에 특유하다. 이 방해는 빈민이 자기의 교구 밖에서 거주할 권리를 얻거나 노동할 허가를 얻는 것이 어렵다는 점에 있다. 동업조합법으로 노동의 자유로운 이동을 방해받는 분야는 수공업과 제조업뿐이다. 그런데 거주권 획득의 어려움은 농업 노동의 자유로운 이동까지도 방해한다. 잉글랜드의

치안에서 가장 중대한 문제로 손꼽히는 이런 무질서의 발생과 발전, 현황에 대해서는 좀 더 설명이 필요할 듯하다.

3

미국 상원 은행주택도시문제위원회에서
앨런 그린스펀 의장이 한 증언, 1997년 2월 26일

“ 명목적인 노동 보수, 특히 임금 요소의 급증은 지난해에 분명해졌습니다. 하지만 급여 인상률은 여전히 노동시장 조건과의 역사적 관계에서 예상되는 수준보다 현저하게 낮았습니다. 지금까지 몇 년 동안 임금 인상에 대한 전형적 억제가 분명히 드러났는데, 이것은 주로 노동자 불안정성 확대의 결과인 듯 보입니다. 불황의 최저점에 있던 1991년 인터내셔널서베이리서치 사International Survey Research Corporation에서 대기업 노동자들에 관해 조사한 바에 따르면, 25퍼센트가 정리해고에 대한 두려움을 지니고 있었다고 합니다. 1996년에는 (…) 같은 조사기관에서 밝혔듯이 46퍼센트가 정리해고를 걱정했습니다.

노동시장이 압박을 받으면서 노동자들이 다른 일자리를 찾아 직장을 그만두기를 꺼리는 태도는 이런 우려를 뒷받침하는 또 다른 증거를 제공했고, 노동조합 협약 장기화 경향도 마찬가지입니다. 수십 년 동안 3년이 넘는 협약은 보기 드문 일이었습니다. 그런데 오늘날

에는 5~6년 협약을 쉽게 찾을 수 있습니다. 이런 협약은 고용 안정에 대한 강조를 공통된 특징으로 하며, 임금 인상은 근소한 수준에 그칩니다. 최근 몇 년간 파업 발생률이 낮은 수준에 머무른 점도 고용 안정에 대한 우려를 입증해 줍니다.

　따라서 최근 몇 년간 노동자들이 소폭 임금 인상을 고용 안정 확대로 기꺼이 상쇄하려 한다는 사실은 상당히 타당한 근거가 있는 것으로 보입니다.

부담을
전가하라

NOAM CHOMSKY

Requiem for the American Dream

부담을 전가하라

아메리칸 드림은 여느 이상과 마찬가지로 얼마간은 상징적인 것이고, 얼마간은 실제적인 것이다. 이를테면 1950년대와 60년대에는 미국 경제사에서 가장 거대한 성장의 시기가 존재했다. 이른바 황금기였다.

그것은 매우 평등한 성장이었기 때문에 전체 국민의 하위 5분의 1도 상위 5분의 1과 거의 똑같이 형편이 좋아졌다. 그리고 복지 정책도 일부 이루어져 인구 대다수의 생활이 개선되었다. 예를 들어 흑인 노동자가 자동차 공장에서 번듯한 일자리를 구하고, 집과 차를 사고, 아이들을 학교에 보낼 수 있었다. 누구랄 것 없이 다들 그만큼 형편이 좋았다.

미국이 주로 제조업 중심지였을 때는 자체 소비자들, 다시 말해 미국 소비자들에 관심을 기울여야 했다. 헨리 포드Henry Ford가 자사 노동자들이 차를 살 수 있도록 급여를 인상한 것은 유명한 일화다.[1]

금권경제와 프레카리아트

최근 최대 규모 은행으로 손꼽히는 시티 그룹이 보고서를 하나 출간했다. 시티 그룹은 투자자들에 관한 연구를 내놓으면서 상당한 부를 보유한 새로운 범주의 집단을 확인하고 그것을 '금권경제plutonomy'(부유층을 뜻하는 'plutocrat'와 경제를 뜻하는 'economy'의 합성어로 극소수의 부유층에 부가 집중된 경제 상태, 또는 그렇게 집중된 부유층 경제를 가리킨다 — 옮긴이)라고 불렀다.[2] 금권경제가 경제의 주요한 추동력이기 때문에(금권경제가 주요 소비층이고 모든 부가 거기로 몰린다) 시티 그룹은 '금권경제 투자 포트폴리오'를 갖고 있다. 1980년대 중반에 로널드 레이건Ronald Reagan과 영국의 마거릿 대처Margaret Thatcher가 부유층에 부를 몰아주고 나머지 사람들에게 고통을 전가한 정책을 추진한 이래로 금권경제가 자리를 잡았다. 시티 그룹은 자신들의 금권경제 투자 포트폴리오가 시장에서 탁월한 성과를 거두었다고 지적하면서 투자자들에게 금권경제 투자에 집중하라고 촉구한다. 세계 인구의

1. 직원들에게 지급하는 최저임금을 두 배로 인상한 이유에 관한 헨리 포드의 말. 86쪽을 보라.
2.《금권경제: 사치품 구입과 글로벌 불균형에 대한 설명》, 시티 그룹, 2005년 10월 16일. 87쪽을 보라.

소수가 점증하는 부를 자기들끼리 챙기고 있으니, 나머지 사람들은 잊어버리고 여기에 집중하라는 것이었다.

국제적인 금권경제로 옮겨가 보면, 미국 소비자들에게 벌어지는 일은 별로 우려가 되지 않는다. 미국 소비자들은 적어도 대규모로 기업 제품을 소비하지 않기 때문이다. 금권경제의 목표는 (비록 금융 조작에 근거한 것일지라도) 다음 분기에 벌어들이는 수익, 높은 연봉과 상여금이며, 필요한 경우에는 해외에서 생산하고, 미국과 해외(주로 영어권인 미국, 영국, 캐나다 등지)의 부자 계급을 위해 생산하는 것이다. 그리고 그들의 시장은 어디에나 있다. 예컨대 그들은 어디서든 아이폰을 팔 수 있다. 따라서 미국 사회의 건전성에 대한 관심은 상당히 줄어들고 있다. 제너럴모터스General Motors Corporation, GM 회장이 60년 전에 "GM에 좋은 것은 미국에도 좋은 것"이라고 말했을 때, 그것은 완전히 틀린 말이 아니었다. 그 역도 마찬가지로 사실이었다. "우리나라에 좋은 것은 GM에게도 좋은 것"이었다.[3] 그러나 점차 페이퍼경제paper economy나 역외경제overseas economy로 바뀌는 오늘날의 경제에서 이 말은 이제 사실이 아니다.

물론 그들은 언제나 연봉에 관심이 있었지만, 이제야말로 연봉이 주된 관심사가 되었다. 기업의 생존 능력, 더 나아가 국가의 생존 능력에 대한 관심이 밀려난 것이다. 1970년대 말에 주요한 변화가 시작된 이래로 이런 경향이 지배적이었다. 이번에도 역시 그런 변화는 주로

3. 제너럴모터스 회장 찰스 E. 윌슨이 국방장관에 지명될 당시 열린 미국 상원 군사위원회 청문회, 1953. 89쪽을 보라.

금융화(투기, 복잡한 금융 도구, 통화 조작)와 해외 이전으로 나타났다.

그런데 그것을 대하는 태도는 대체로 제각각이다. 정책 결정권자의 관점에서 보면, 미국의 장기적 미래는 그다지 중요하지 않다. 중요한 것은 집중된 특권을 지탱하는 사회의 부문들뿐이다. 연구·개발에 보조금을 주고, 위기에 빠져서 구제금융을 받아야 할 때 완충장치를 제공하고, 강력한 군사력으로 세계를 통제하는 강력한 국가가 있어야 한다. 이런 것들은 중요한 요인이다. 그러나 전체 인구의 4분의 3이 경기 침체 속으로 빠져든다 할지라도 큰 관심을 받지는 못한다. 그리고 실제로 다음 세대에 벌어질 일은 더더욱 관심거리가 되지 못한다.

이제 금권경제는 "모든 것은 우리가 챙기고 다른 사람에게는 아무것도 주지 않는다"는 애덤 스미스의 비열한 좌우명을 한층 더 엄격하게 따르고 있다. 나머지 사람들은 어떻게 될까? 이 사람들을 가리키기 위해 '프레카리아트precariat', 즉 **불안정한 프롤레타리아트**precarious proletariat라는 새로운 용어가 쓰이고 있다. 전 세계의 노동 대중은 점점 더 불안정한 생활을 이어 가고 있다. 프레카리아트는 불안정하고 불확실한 삶을 살고, 그럭저럭 생계를 유지하며, 많은 수가 끔찍한 가난과 갖가지 고난에 시달린다. 그런데 시티 그룹(수도 없이 구제금융을 받았으니 지금쯤이면 이제 당연히 대중이 이 은행을 소유해야 하는데, 시티 그룹은 어느 때보다 좋은 실적을 올리며 점점 더 부자가 되고 있다)은 투

79

자자들에게 금권경제에 관심을 집중하라고 조언하고 있다. 정말 심각한 문제인데, 지금 우리는 절벽을 향해 나아가고 있다. 그러나 인간 지배자들의 관점에서 보면, 그것은 별로 중요하지 않다. '우리가 내일 많은 수익을 벌어들이는 한, 우리 손자들이 살아갈 세상이 없어진다고 해도 누가 신경 쓰겠는가?' 이것은 국가에 대한 태도와도 관련이 있다.

이런 분리는 세계 전반에서 나타난다. 중국도 사정은 마찬가지다. 중국에는 극단적으로 억압을 받는 노동력이 있고, 독립적인 노동조합이 전무하며, 매년 수많은 노동자가 시위를 벌인다. 그리고 한편에는 엄청난 부가 있다. 인도의 경우는 훨씬 극단적이다. 다른 개발도상국들은 라틴아메리카의 경우처럼 상황이 조금 바뀌고 있다. 가장 중요한 나라인 브라질을 예로 들면, 지난 10년 동안 거대한 불평등과 압도적 빈곤, 기아 문제를 해결하려는 시도가 상당히 진척되었다. 그러나 시티 그룹의 분석은 대부분 꽤나 정확하다. 아주 부유한 금권경제가 있고, 나머지는 어떻게든 그럭저럭 살아간다.

부자 감세

경제가 가파르게 성장하는 시기, 예컨대 1950년대와 60년대에는, 그리고 실제로는 그보다 훨씬 전에도 부유층이 내는 세금이 훨씬 많았

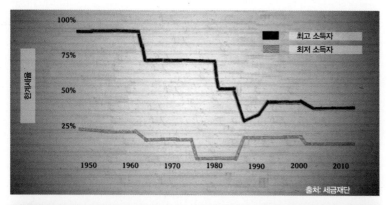

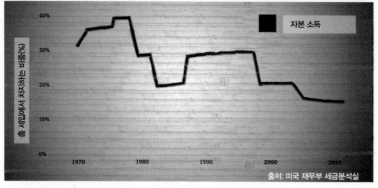

다. 법인세율은 훨씬 더 높았고, 배당금에 매기는 세금도 한층 많았다. 간단히 말해, 부자에게는 훨씬 더 많은 세금을 부과했다. 그런데 이제는 상위 부유층에 매기는 세금을 인하하는 방향으로 나아가고 있다. 최고 부유층이 내는 세금이 줄어들고, 그에 따라 나머지 국민들의 세금 부담이 높아지는 방향으로 조세 체계가 재설계되었다. 이제 임금과 (모든 사람이 해야 하는) 소비에만 세금을 그대로 유지하고, 이를테면 부자들에게만 해당되는 배당금에는 세금을 매기지 않는 쪽으로 전환하고 있는 것이다. 그에 따른 부담은 실로 엄청나다. 그것을 수치로 살펴보면 대단히 인상적이다.

언제나 그렇듯이 물론 여기에도 핑계는 있다. '그러니까 이렇게 바꾸면 투자가 확대되고 일자리가 늘어난다'는 것이다. 그러나 그렇게 된다는 증거는 전혀 없다. 일자리를 늘리고 싶다면, 그리고 투자를 늘리고 싶다면 수요를 늘리면 된다. 수요가 있으면 투자자들은 그 수요를 채우기 위해 투자를 하게 마련이다. 정말 투자를 늘리고 싶다면, 가난한 이들과 일하는 사람들에게 돈을 주면 된다. 그들은 값비싼 요트나 카리브 해의 휴양지가 아니라 물건을 사는 데 소득을 지출한다. 생활을 유지해야 하기 때문이다. 그런 지출이 생산을 자극하고, 투자를 자극하며, 고용 성장으로 이어지는 것이다.

만약 당신이 지배자들을 대변하는 이데올로기를 지니고 있다면, 다른 설명을 할 것이다. 아무 증거가 없고, 경제학적으로 말이 되지 않는다고 해도 말이다. 실제로 오늘날에는 어처구니없는 일이 벌어지고 있다.[4] 기업들이 가난한 사람들과 일하는 사람들의 주머니에서 돈을 끄집어낸다. 돈이 부족해서가 아니다. 금융위기의 주범으로 손꼽히는 골드만삭스는 현재 (정부와 납세자의 구제금융 덕분에) 돈이 넘치다 보니 다음번 위기를 준비하고 있다. 그들 수중에 돈이 부족한

4. 《경제 조사: 소득 불평등 심화는 미국의 경제성장을 어떻게 위축시키며, 이 물결을 바꿀 수 있는 방법은 무엇인가》, 스탠더드앤드푸어스, 2014년 8월 5일. 90쪽을 보라.

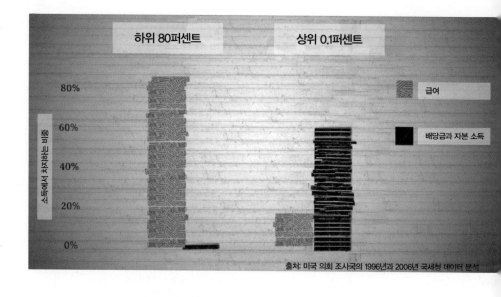

출처: 미국 의회 조사국의 1996년과 2006년 국세청 데이터 분석

건 결코 아니다. 그들의 수중에 돈을 쏟아붓는 것은 투자를 늘리거나, 그들이 말하는 대로 '일자리'를 늘리기 위해서가 아니다. 그냥 듣기 좋은 말일 뿐이다. 단지 유례를 찾기 힘들 만큼 부를 집중시키고, 그와 더불어 나머지 국민들에게는 스태그네이션을 안겨 주기 위해서다. 자신들의 이윤과 권력을 극대화한다는 비열한 좌우명을 따르는 이들의 수중에 권력을 주었을 때 벌어질 것으로 예상되는 일이 바로 이런 것이다. "모든 것은 우리가 챙기고 다른 사람에게는 아무것도 주지 않는다."

실제로 GE는 막대한 수익을 벌어들이면서도 세금은 한 푼도 내지 않는데, 이는 GE만의 특별한 현상이 아니다. 미국의 주요 대기업은 사회를 지탱하는 부담을 나머지 국민들에게 전가했다.

다시 새로운 방향으로

부유층의 세금 인상은 늘 그렇듯 2016년에 도널드 트럼프Donald Trump를 지지한 부류에게서도 강한 지지를 받고 있다. 이 유권자들을 살펴보면 종종 일종의 사회민주주의적 태도를 보인다. 알다시피, '정부에는 반대하지만 교육, 보건, 싱글맘에 대한 지출 확대에는 찬성'한다. 그러나 복지는 악마시하며 반대한다. 복지란 흑인 남자가 정부 사무실에서 당신의 돈을 훔치는 것을 의미한다고 한 로널드 레이건의 이야기를 기억하는가. 누구도 그런 일을 원하지는 않지만 복지가 하는 일, 즉 결과는 원하고 지지한다.

2016년 버니 샌더스Bernie Sanders의 선거운동을 살펴보자. 샌더스의 견해와 입장은 전반적으로 대다수는 아닐지라도 상당한 대중의 지지를 얻었고, 오래지 않아 주류로 올라섰다. 샌더스가 정당하게 요구한 '정치 혁명'은 아마 드와이트 아이젠하워Dwight Eisenhower도 크게 놀라지 않았을 것이다. 이런 사실이 의미하는 바는 스펙트럼이 너무 오른쪽으로 이동한 나머지 국민이 원하는 것, 한때 주류였던 것이 이제 급진적이고 극단적인 것으로 보인다는 점이다. 흐름을 다시 전환하는 일은 이제 우리 몫이다. 오늘날의 민주당은 과거에 온건 공화당이라고 불렸던 넬슨 록펠러Nelson Rockefeller 공화당과 아주 흡사하다. 그것이 민주당의 주류다. 공화당은 이 스펙트럼에서 벗어나 있다. 이제 더 이상 정당이라고 하기도 어렵다.

공화당은 부유층과 기업 부문에 헌신하는 쪽으로 너무 멀리 가버린 탓에 이제 실제적인 정책 강령을 내세워 표를 얻기를 바라기는 힘들다. 그들은 언제나 존재했지만 동맹 정치 세력으로 조직화되지는 못했던 인구 집단, 예컨대 복음주의자, 토박이주의자, 인종주의자, 그리고 전 세계의 노동 대중을 서로 경쟁시키면서 특권층을 보호하기 위해 설계된 세계화의 여러 형태의 희생자들을 결집시키는 데만 매달릴 뿐이다. 그것은 결국 노동 대중을 어느 정도 보호하고, 긴밀하게 연결된 공공 부문과 민간 부문에서 정책 결정에 영향을 미치는 통로, 특히 효과적인 노동조합을 제공한 법률과 기타 조치를 훼손한다.

그리하여 핵심적인 질문이 제기된다. 과연 대규모의 대중 결집이 지속되고 확대되면서 효과적으로 작동하는 세력이 되어 미국에서 추악하기 짝이 없는 상황을 낳은 퇴행적인 경향을 물리칠 수 있을까?

1

**직원들에게 지급하는 최저임금을 두 배로 인상한 이유에
관한 헨리 포드의 말**

" "사업주, 직원, 소비자 대중은 모두 같은 사람이며, 어떤 산업이 임금은 높게, 가격은 낮게 유지하는 식으로 스스로 관리하지 못한다면 자멸하게 마련입니다. 그렇게 관리하지 않으면 고객의 수가 제한되기 때문이지요. 자사 직원을 최고의 고객으로 삼아야 합니다."

"이 나라가 누리는 번영의 이면에는 높은 임금을 지급하고 낮은 가격으로 팔아서 구매력을 확대하자는 이런 생각이 있는 겁니다."

《금권경제: 사치품 구입과 글로벌 불균형에 대한 설명》,

시티 그룹, 2005년 10월 16일

 바야흐로 세계가 두 진영으로 나뉘고 있다. 한쪽에는 경제성장이 소수 부유층에 의해 작동되고 주로 소비되는 금권경제가 있고, 다른 쪽에는 그 나머지가 있다. 금권경제는 16세기의 스페인과 17세기의 네덜란드, 도금시대와 광란의 20년대 미국에서 나타난 바 있다. 금권 경제의 공통된 추동력은 무엇인가? 파괴적인 기술 주도 생산성 증 대, 창의적인 금융 혁신, 친자본가적인 정부, 부의 창출을 북돋는 이 민자와 해외 정복 등의 국제 상황, 법의 지배, 발명 특허 등이다. 이런 부의 물결은 종종 대단히 복잡한 상황을 수반하는데, 당대의 부유층 과 식자층이 이런 복잡한 상황을 가장 잘 활용한다.

(…) 우리는 금권경제(미국, 영국, 캐나다)가 훨씬 더 많은 소득 불평 등을 목격하면서 각국 경제의 이윤 비중의 추가적인 증가와 친자본 가 정부, 기술 주도 생산성, 세계화 등을 압도적으로 활용할 것으로 예상한다. (…)

금권경제에서는 '미국 소비자'나 '영국 소비자', 또는 심지어 '러시 아 소비자' 같은 동물은 존재하지 않는다. 수는 적지만 소득과 소비 에서 압도적으로 거대한 몫을 차지하는 부유한 소비자들이 존재한

87

다. 그리고 '부자를 제외한' 나머지 사람들, 수는 많지만 국가라는 파이에서 놀랍도록 작은 조각만을 차지하는 이들이 있다. (…)

게다가 신흥 시장의 기업가/부호(러시아의 올리가르히oligarch, 중국의 부동산/제조업 거상, 인도의 소프트웨어 거물, 라틴아메리카의 석유/농업 재벌)는 세계화의 이익을 입도적으로 독식하면서 자연스럽게 선진국 금권경제의 자산 시장으로 사업을 다변화하고 있다. (…) 유유상종이라는 말이 있듯이, '부호'들도 함께 어울리기를 좋아한다고 가정할 수 있다.

반발이 축적되는 중인가?

(…) 부와 소비가 소수에 집중되는 데도 아마 한계가 있을 것이다. 과연 어떤 일을 계기로 고무줄이 반대쪽으로 튕겨질 수 있을까? (…)

위협은 (…) 잠재적인 사회적 반발에서 나온다. (…) 보이지 않는 손이 작동을 멈춘다. 아마 사회가 금권경제를 허용하는 한 가지 이유는 충분히 많은 유권자가 자기도 금권경제 참여자가 될 가능성이 있다고 믿기 때문일 것이다. 당신도 낄 수 있는데, 왜 없애 버리겠는가? 어떻게 보면 이것은 '아메리칸 드림'의 구현이다. 그러나 만약 유권자들이 자기가 참여할 수 없다고 느낀다면, 진짜 부자가 되기를 바라기보다는 부의 파이를 나누려고 할 공산이 크다.

아메리칸 드림이 소멸하면, 그리고 사회를 이루는 대다수가 자기

도 참여할 수 있다고 생각하지 않으면 금권경제가 소멸할까? 답은
물론 '그렇다'이다.

　(…) 우리의 전반적인 결론은 금권경제에 대한 반발이 어느 순간
일어날 수 있다는 것이다. 그러나 지금은 아니다.

3

**제너럴모터스 회장 찰스 E. 윌슨이 국방장관에 지명될 당시
열린 미국 상원 군사위원회 청문회, 1953**

❝ **상원의원 헨드릭슨** 자, 한 가지 궁금한 게 있습니다. 모종의 상황이
　발생해 미합중국 정부의 이익을 지키기 위해서는 당신이 가진
　주식과 GE, 또는 어떤 다른 회사들의 이익에 아주 불리한 결정,
　또는 그 회사에 아주 불리한 결정을 내려야 하는 상황에 처한다
　고 칩시다. 그런 결정을 내리겠습니까?

윌슨 씨 네, 그렇습니다. 그런데 그런 일을 상상하기는 힘듭니다. 왜냐
　하면 우리 나라에 좋은 것은 GE에도 좋은 것이며, 그 역도 마찬
　가지라고 생각하기 때문입니다. 그 둘은 어떤 차이도 없습니다.

《경제 조사: 소득 불평등 심화는 미국의 경제성장을 어떻게 위축시키며, 이 물결을 바꿀 수 있는 방법은 무엇인가》, 스탠더드앤드푸어스, 2014년 8월 5일

❝ 소득 불평등과 그 효과라는 주제는 여러 세대를 가로지르고 지정학적 경계를 넘나드는 무수히 많은 분석에서 다루는 문제다. 도덕의 언어로 이 문제에 관해 이야기하는 경향이 있지만, 그럼에도 중심적인 질문은 경제적인 것이다. 소득 격차가 줄어들면 미국 경제가 개선될 것인가? 그리고 만약 불평등한 소득 분배 때문에 성장이 방해받는다면, 어떤 해법이 도움보다 해가 될 수 있고 또 모두를 위해 경제의 파이를 더 크게 만들 수 있는가?

이 주제를 놓고 수십 년, 아니 수백 년 동안 논쟁이 벌어진 사실을 감안하면, 답이 간단하지 않다는 것은 전혀 놀랄 일이 아니다. 어떤 시장경제에서든 어느 정도는 불평등이 예상된다. 일정 수준의 불평등은 경제가 효과적으로 작동하게 만들면서 투자와 팽창을 자극할 수 있다. 그렇지만 지나치게 심한 불평등은 성장을 손상한다.

높은 수준의 소득 불평등은 정치적 압력을 고조하면서 거래와 투자와 고용을 떨어뜨린다. 케인스는 소득 불평등이 (미국인을 포함한) 부유층 가구로 하여금 저축을 늘리고 소비를 줄이게 만드는 한편,

형편이 어려운 가구는 소비를 유지하기 위해 (…) 더 이상 차입이 불가능해질 때까지 (…) 소비자 차입을 늘리게 만들 수 있음을 처음으로 보여주었다. 이런 불균형이 더 이상 지탱될 수 없을 때, 2009년 대불황에서 정점에 달한 것과 같은 과열과 파열의 순환이 목격된다.

극단적인 경기변동은 차치하고라도, 이런 소득 불균형은 사회적 이동성을 떨어뜨리는 한편 변화하는 글로벌 경제에서 경쟁할 능력이 없는, 제대로 교육받지 못한 노동력을 양산한다. 이런 불균형은 미래의 소득 전망과 잠재적인 장기 성장 확률도 떨어뜨리며, 정치적 반동으로 문제가 확대됨에 따라 불균형은 더욱 굳어진다. (…)

이 문제에 관한 풍부한 연구 자료와 데이터를 검토한 결과, 우리는 세계 최대의 미국 경제가 대불황에서 회복하기 위해 분투하고 정부가 노령화하는 인구를 지원하기 위한 기금을 필요로 하는 이 시기에 현재 보이는 수준의 소득 불평등은 국내총생산 성장률을 떨어뜨리고 있다는 결론을 내릴 수밖에 없다.

연대를
공격하라

NOAM CHOMSKY

Requiem for the American Dream

연대를 공격하라

연대는 무척 위험하다. 지배자들의 관점에서 보면, 당신은 오직 자신만을 돌봐야지 남을 돌보면 안 된다. 그것은 지배자들이 영웅으로 치켜세우는 애덤 스미스 같은 사람들의 생각과는 무척 다르다. 스미스는 경제에 대한 접근법 전체를 **공감**이 기본적인 인간 속성이라는 원리에 입각해 세웠기 때문이다. 그렇지만 공감은 사람들의 머릿속에서 몰아내야 한다. 당신은 자신을 위하고 "타인에게 신경 쓰지 말라"는 비열한 좌우명을 따라야 한다.[1] 이런 태도는 부자와 권력자에게는 좋지만, 다른 모든 사람들에게는 큰 피해를 준다. 인간에게는 기본적

1.《도덕감정론》, 애덤 스미스, 1759. 106쪽을 보라.

인 이와 같은 감정을 사람들의 머릿속에서 몰아내기 위해서는 많은 노력이 필요하다.

오늘날 우리는 정책 형성 과정에서, 예컨대 사회보장제도에 대한 공격에서 이런 태도를 목도한다. 존재하지 않는 사회보장제도의 위기에 관해서 갖가지 말이 많다. 사회보장제도는 아주 훌륭하다. 과거 어느 때와 견주어도 뒤지지 않는다. 사회보장제도는 매우 효과적인 정책 프로그램이며, 관리 비용도 거의 들지 않는다. 지금부터 20~30년 동안 잠재적 위기가 존재하는 정도만큼 위기를 바로잡는 손쉬운 방법도 있다. 그러나 정책 논쟁이 사회보장에 집중되는 것은 대체로 지배자들이 그것을 원하지 않기 때문이다. 그들은 언제나 사회보장을 혐오했다. 그것은 일반 대중에게 이익이 되기 때문이다. 그러나 정말로 사회보장을 혐오하는 또 다른 이유가 있다.

사회보장제도는 **연대**라는 하나의 원리에 근거한다.[2] 연대란 타인을 돌보는 것이며, 사회보장제도가 의미하는 것이 바로 그것이다. "내가 근로소득세를 내야 시내 건너편에 사는 과부가 먹고살 수 있다." 많은 국민들은 이런 사회보장에 의존해서 살아간다. 상위 부유층에게는 사회보장이 전혀 필요 없기 때문에 그것을 파괴하려는 시도가 일사불란하게 벌어진다. 한 가지 방법은 사회보장 예산을 삭감하는 것이다. 어떤 제도를 없애기를 바라는가? 그렇다면 우선 예산을 삭감하라. 그러면 그 제도가 작동하지 않을 테니. 사람들이 화를 낼 테고,

2. 1935년 사회보장법. 107쪽을 보라.

뭔가 다른 것을 원할 것이다. 바로 이것이 어떤 제도를 민영화하기 위해 흔히 쓰이는 기법이다.

공교육에 대한 공격

공립학교에 대한 공격에서도 이런 태도를 볼 수 있다. 공립학교는 연대의 원리에 바탕을 둔다. 이제 내 아이들은 학교에 다니지 않는다. 다 자라서 성인이 되었지만, 그래도 연대의 원리는 이렇게 말한다. "나는 길 건너에 사는 아이가 학교에 다닐 수 있도록 기꺼이 세금을 낸다." 그것이 정상적인 인간이 지니는 감정이다. 그런데 사람들의 머릿속에서 **이런 감정을 몰아내야** 한다. "나는 학교에 다니는 아이가 없는데, 왜 세금을 내야 하지? 민영화하면 되잖아." 이런 식이다. 유치원부터 고등교육까지 이어지는 공교육 체계, 미국 사회의 보석과도 같은 제도가 극심한 공격을 받고 있다.

거대한 성장기인 1950년대와 60년대의 황금기로 다시 돌아가 보자. 그 거대한 성장은 상당 부분 무상 공교육에 바탕을 두었다. 제2차 세계대전의 결과물 가운데 하나인 제대군인사회복귀법 덕분에 참전군인들은 대학에 갈 수 있었다. 당시에는 인구의 상당 부분이 참전군인이었다는 사실을 유념해야 한다.[3] 그 법이 없었다면 그들은 아마 대학에 가지 못했을 것이다. 참전군인들은 사실상 무상교육을 받

3. 1944년 제대군인사회복귀법. 107쪽을 보라.

왔다. 나는 1945년에 대학에 갔다. 나이가 어려서 참전하지는 못했지만, 대학은 사실상 무상이었다. 아이비리그 명문 펜실베이니아 대학이었지만, 수업료는 100달러였고 장학금도 쉽게 받을 수 있었다.

그 무렵 대학을 나온 사람들의 면면을 보면, 전부 백인이었다는 사실을 언급해야겠다. 제대군인사회복귀법을 비롯한 많은 사회정책은 사실상 우리 역사에 깊이 묻힌 채 전혀 극복되지 않은 인종주의 원리에 따라 설계되었다. 이 점을 제쳐 둔다면, 19세기부터 미국은 모든 수준에서 광범위하고 대중적인 공교육을 발전시켰다는 점에서 한참 앞서 나갔다.

그러나 지금은 전체 주의 절반이 넘는 곳에서 주립대학 예산이 주 예산이 아니라 수업료로 충당된다. 그것은 근본적인 변화이며, 학생들에게 굉장한 부담이 된다. 결국 학생들은 아주 부잣집 출신이 아니면 졸업할 때 많은 빚을 지게 된다. 빚이 많으면 꼼짝을 못하게 된다. 무슨 말인가 하면, 인권 변호사가 되는 것이 꿈이었다고 해도 이 빚을 갚으려면 법무법인에 들어가야 한다. 그리고 일단 그 문화의 일부가 되면 다시 빠져나오지 못한다. 실제로 흔해 빠진 일이다.

1950년대에 미국은 지금보다 훨씬 가난한 사회였지만, 그럼에도 대중적 고등교육을 사실상 무상으로 쉽게 운영할 수 있었다. 오늘날에는 훨씬 부유한 사회가 자원이 없어서 그렇게 하지 못한다고 주장한다. 바로 우리 눈앞에서 이런 일이 벌어지고 있다. 이것은 (인도적일

원리 5
연대를
공격하라

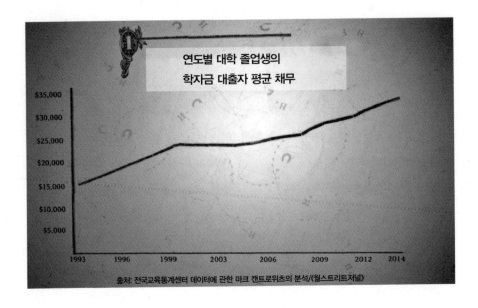

연도별 대학 졸업생의
학자금 대출자 평균 채무

출처: 전국교육통계센터 데이터에 관한 마크 캔트로위츠의 분석/《월스트리트저널》

뿐 아니라) 이 사회의 번영과 건강의 **토대**이기도 한 원리에 대한 전방
위적 공격이다.

민영화

이런 공격은 끝이 없다. 예를 들어 메디케어Medicare(미국의 노인 의료보
험—옮긴이)에 관한 몇 가지 제안을 살펴보자. 기본적으로 메디케어
를 허물어뜨리고 민영화하자는 제안이다. 이 제안들은 처음에는 유
권자의 상당 부분을 차지하는 55세 이상이 면제받도록 세심하게 설

계되어 있다. 입법부에서 통과되려면 유권자를 확보해야 한다. 따라서 노년층이 심술궂게도 자기 자녀와 손자들에게 기꺼이 부담을 전가하면서까지 자신들의 번듯한 의료보험을 누리고자 할 거라는 기대가 존재한다. 이런 기대가 이 원리의 바탕에 깔려 있다.

물론 노년층의 자녀들이 나이를 먹고 손자들이 태어남에 따라 그들은 이 정책 설계에서 기인하는 의료보험 대폭 삭감에 영향을 받게 된다. 이 정책은 정해진 시한을 두는 '일몰 원칙sunset principle'에 입각해서 설계되었기 때문에 유권자의 주요 집단이 기꺼이 동의할 것이다. 그리고 법안이 통과되면, 나머지 사람들(그리고 그들의 자녀와 손자들)은 의료보험을 받기 위한 비용 수조 달러를 뒤집어쓰게 된다.

미국은 선진국 가운데 유일하게 사실상 규제받지 않는 민간 의료보험에 압도적으로 의존하는 의료보험 체계를 갖고 있는데, 이 체계는 대단히 비효율적이고 비용이 많이 든다. 갖가지 관리 비용, 관료 기구, 감시, 간편 청구 등은 모두 합리적인 의료보험 체계에서는 찾아볼 수 없는 것이다. 지금 나는 어떤 유토피아적 구상을 이야기하는 것이 아니다. 다른 모든 선진 산업 사회에는 국민 의료보험이 있으며, 실제로 그 성과나 비용은 미국의 체계에 비해 훨씬 효율적이다. 참으로 부끄러운 일이지만, 수백만 명의 사람들이 **의료보험이 전혀 없고** 따라서 훨씬 더 불안한 삶을 살고 있다.

이런 정책을 밀어붙이는 데에서는 보험회사와 금융기관만이 아니라 제약회사도 한통속이라는 점을 언급해야겠다. 미국은 세계에서 유일하게 법률상 정부가 의약품 가격을 교섭하지 못하게 되어 있는 나라인 것 같다. 따라서 국방부가 연필 가격을 교섭할 수는 있어도, 정부가 메디케어와 메디케이드Medicaid(저소득층 의료보험—옮긴이)를 위해 의약품 가격을 교섭할 수는 없다. 사실 이 조항에는 보훈청이라 는 한 가지 예외가 있기는 하다. 보훈청은 의약품 가격을 교섭할 수 있기 때문에 훨씬 싸게 구입한다. 세계 기준에 맞는 수준이다. 그러 나 사람들이 다른 나라의 더 싼 의약품으로 이익을 얻지 못하게 하 는 법안이 제출되어 있다. 물론 자유무역에 근본적으로 위배되는 것 이다. 말로는 자유무역을 내세우지만 실제 정책은 전혀 다르다.

사실 보훈청은 훨씬 효율적이고, 의약품 비용이 한결 저렴하며, 전 반적인 비용이 훨씬 낮고, 성과도 더 좋다. 미국의 메디케어 시스템 자체도 매우 효율적이다. 메디케어 관리 비용은 민간 보험 비용보다 훨씬 낮다. 보훈청이나 메디케어나 모두 정부의 보건 프로그램이라 는 점을 유념하자. 현재 메디케어 비용이 급증하고 있는 것은 오로지 규제받지 않는 민영 보험 체계를 통해 운영되기 때문이다. 이런 문제 를 어떻게 다뤄야 하는지는 익히 알려져 있다. 사실 주위를 둘러보면 어디에나 본보기로 삼을 만한 사례가 있다. 그러나 이 문제를 건드리 지 못하는 것은 반대 세력의 경제적 권력이 매우 크기 때문이다. 이 질문이 제기되는 드문 경우에 어떤 일이 생기는지를 보면 꽤 흥미롭다. 《뉴욕타임스》에서는 이따금 이 문제에 대해 "정치적으로 불가능하다"거나 "정치적 지지가 부족하다"고 말한다. 사실은 국민 대다수가 오랫동안 원하고 있는데도 말이다.

알다시피 버락 오바마_{Barack Obama}가 환자 보호 및 부담 적정 보험법_{Patient Protection and Affordable Care Act}을 제정했을 때, 원래 공적 선택지, 즉 국민의료보험에 관한 이야기가 있었다. 전체 국민 가운데 거의 3분의 2가 지지했다. 그러나 어떤 토론도 없이 철회되었다. 그보다 훨씬 전인 레이건 정부 후기로 거슬러 올라가면, 국민의 70퍼센트가량이 국민의료보험이 헌법에서 보장하는 권리가 되어야 한다고 생각했다. 사실 국민의 40퍼센트 정도는 국민의료보험이 **이미** 헌법으로 보장된 권리라고 생각했다. 그러나 그들은 정치적 지지 세력이 아니었다. 정치적 지지 세력이란 골드만삭스나 JP모건체이스 등을 의미한다. 사실 미국에 다른 나라와 같은 의료보험이 있다면, 아마도 단 한푼의 적자도 없이 흑자를 기록할 것이다.

누구를 위한 정부인가?

현재의 경제적 문제에 관해 미국에서 벌어지는 토론은 무척 인상적이다. 유럽도 사정은 마찬가지다. 무엇보다도 중요한 인간적 문제는 적자가 아니라 **실업**이다. 실업은 사회에 파괴적인 영향을 미친다. 다시 말해, 개인과 가족에게 끔찍한 영향을 미친다. 실업은 또한 경제에도 끔찍한 영향을 미친다. 그 이유는 아주 명백하다. 사람들이 일을 하지 않으면, 경제를 발전시켜야 하는데 사용되지 않는 자원이 존재하는 셈이다. 그 자원이 그대로 허비되고 있다.

어쩌면 비인간적인 이야기처럼 들릴 수도 있겠지만, 인적 비용은 최악의 지출이다. 그러나 솔직한 경제적 관점에서 보면, 어쨌든 공장을 그냥 놀리기로 결정한 것이니 마찬가지다. 유럽이나 일본, 심지어 중국을 여행하고 미국으로 돌아온다고 생각해 보자. 곧바로 머리에 떠오르는 생각은 이 나라가 결딴나고 있다는 것이다. 때로는 제3세계 국가로 돌아가고 있다는 느낌이 든다. 기반 시설은 망가졌고, 보건의료는 엉망진창이며, 교육 시스템은 산산조각이 났고, 엄청난 자원이 있는데도 제대로 돌아가는 것은 아무것도 없다. 사람들로 하여금 수동적인 태도로 가만히 앉아서 이런 현실을 지켜보게 만들려면 아주 효과적인 선전이 필요하다. 그런 일이 실제로 벌어지고 있다. 고도의 기술로 무장한 엄청나게 많은 노동자들이 일을 하고 싶어 안달인 가운데, 해야 할 일도 많다. 미국은 모든 종류의 일을 필요로 한다.

금융기관은 적자 개념을 좋아하지 않으며, 정부의 적자가 커지는 것 역시 바라지 않는다. 대단한 영향력을 발휘하는 그로버 노퀴스트 Grover Norquist(모든 종류의 세금 인상에 반대하는 시민단체인 '세금 개혁을 위한 미국인 모임Americans for Tax Reform' 대표—옮긴이) 같은 사람들은 이런 생각을 극단까지 밀어붙였다. 노퀴스트는 모든 공화당 의원이 서명해야 한다면서 서약을 내놓았는데, 실제로 공화당 의원들은 서명을 하고 있다. 세금 인상을 용인하지 않으며, 정부를 축소해야 한다는 내용이다. 노퀴스트의 말을 빌리면, 그는 기본적으로 정부를 없애기를 원한다. 지배자들의 관점에서 보면, 이해할 만한 주장이다. 민주주의가 제대로 기능하는 정도만큼, 정부는 국민의 이익에 부합하고 국민에 의해 결정되는 행동을 실행한다. **민주주의가 의미하는 바가 바로 그것이다.** 그런데 물론 지배자들은 대중의 간섭을 받지 않으면서 완전히 통제하는 쪽을 선호할 것이다. 따라서 그들은 정부가 축소되는 것을 흡족하게 바라본다. 여기에 두 가지 단서가 붙어야 한다. 첫째, 지배자들은 자신들이 위기에 빠졌을 때 구제금융을 해주고 자기들을 더욱 부자로 만들어 줄 만큼 납세자를 동원할 수 있는 강력한 국가가 확실히 존재하기를 바란다. 둘째, 그들은 세계를 확고히 통제할 수 있는 대규모 군사력을 원한다.

지배자들은 국가가 이런 역할만 하기를 원한다. 노인이 의료보장을 받거나 장애인 과부가 충분한 생계 소득을 얻도록 보장하는 것과는 거리가 멀다. 그런 것은 그들의 관심사가 아니고, 비열한 좌우명과도 부합하지 않기 때문에 적자에만 관심을 집중한다. 반면 대중에게는 실업이 훨씬 중요한 문제다. 그러나 폴 크루그먼Paul Krugman 같은 드문 예외를 제외하면, 공적 토론은 여전히 적자에 집중되고 있다.

공적 토론은 지배자들에 의해 일방적으로 구도가 짜인다. "적자를 봐요, 다른 건 신경 쓰지 말고." 그러나 적자를 바라볼 때도 지배자들이 적자가 생긴 **원인**에 관해 무언가를 생략하고 있다는 사실은 무척 인상적이다. 그중 하나가 미국을 제외한 전 세계 국가의 국방비와 거의 맞먹는 터무니없이 많은 군사 지출이다. 한마디 덧붙이자면, 이것은 안보를 위한 지출이 아니다(안보는 또 다른 이야기다). 이 군사 지출은 세계를 통제하는 지배자들과 그들의 이익을 지키는 것 말고는 안보를 제공하지 않는다. 게다가 군사 지출은 거의 성역에 가깝다.

다시 연대를 향하여

어떻게 하면 고등교육 비용을 좀 더 감당할 수 있는 수준으로 낮출 수 있을까? 아주 쉽다. 그냥 그렇게 하면 된다.

세계와 우리 자신을 살펴보면, 이 질문에 대해 아주 간단한 답이 나온다. 핀란드는 어떤 교육 성취도 잣대로 보더라도 사실상 최상위에 가깝다. 이 나라는 대학에 다니면서 얼마나 낼까? **한 푼도 내지 않는다.** 무상이다. 아주 성공적인 교육 체계를 보유한 또 다른 부자 나라인 독일을 보자. 얼마나 돈을 낼까? 사실상 **한 푼도 내지 않는다.** 미국 바로 옆에 있는 가난한 나라를 보자. 공교롭게도 멕시코는 아주 훌륭한 고등교육 체계를 보유하고 있는데, 직접 살펴본 바로는 인상적이었다. 워낙 가난한 나라여서 급여 수준이 아주 낮은데, 어떻게 대학 등록금을 낼까? **한 푼도 내지 않는다.**

모든 사람에게 무상교육 혜택을 주어서는 안 될 경제적 이유 같은 것은 없다. **사회적·정치적** 이유가 있을 뿐이다. 그런데 이런 이유는 사회적인 **결정**이자 정치적인 **결정**이다. 실제로 더 많은 사람들이 고등교육을 통해 자기를 발전시키고 사회에 기여할 기회를 갖게 된다면, 경제가 발전할 것은 불을 보듯 빤한 일이다.

1

《도덕감정론》, 애덤 스미스, 1759

“ 인간이 아무리 이기적인 존재라 하더라도, 그 천성에는 분명히 몇 가지 행동 원리가 존재한다. 이 행동 원리로 인하여 인간은 타인의 행운에 관심을 가지게 되며, 단지 그 행운을 바라보는 즐거움밖에는 아무것도 얻을 수 없다고 하더라도 그 행운을 얻은 타인의 행복이 자기에게 필요하다고 생각한다. 연민이나 동정심 또한 이와 같은 종류의 것인데, 이것은 우리가 타인의 고통을 보거나 또는 그것을 아주 생생하게 이해할 때 느끼게 되는 종류의 감정이다. 우리가 흔히 타인의 슬픔을 보면 슬픔을 느끼게 된다는 것은 그것을 증명하기 위해 예를 들 필요조차 없는 명백한 사실이다. 왜냐하면 이 감정은, 인간의 본성을 이루는 기타 원시적인 정념들과 마찬가지로, 결코 도덕적이고 인자한 사람에게만 한정적으로 존재하는 것은 아니기 때문이다. 비록 도덕적이고 인자한 사람들이 이러한 감정을 가장 예민하게 느낀다는 것은 사실일지 모르지만 말이다. 무도한 폭도와 가장 냉혹한 범죄자들에게도 이러한 동정심이 전혀 없다고는 할 수 없다.

2

1935년 사회보장법

“ 연방 노령 수당 체계를 확립하고, 몇몇 주에 노인·시각장애인·피부양 및 장애 아동에 대한 지원 확대, 산모 및 아동 복지, 공중보건, 실업수당 법률 관리 등의 권한을 부여함으로써 전반적인 복지를 제공하고, 사회보장위원회를 설립하고, 세입을 증대하고, 기타 다른 목적을 추구하기 위한 법안.

3

1944년 제대군인사회복귀법

“ 이 부분에서 사용하는 교육기관 또는 훈련기관이라는 용어에는 공립·사립 초등학교, 중등학교, 성인 교육을 제공하는 기타 학교, 경영대학원과 경영대학, 과학기술학교, 단과대학, 직업학교, 초급대학, 4년제 교육대학, 2년제 사범학교, 직업학교, 종합대학, 기타 교육기관이 포함되며, 또한 승인받은 단과대학이나 종합대학 또는 주 교육부나 주 수습 기관, 주 직업교육위원회, 75대 하원에서 제정한 공법 308호에 따라 설립된 주 수습위원회나 연방 수습훈련청, 다른 법률에 따라 이러한 훈련을 감독하도록 승인받은 연방정부 행정기관의 감독을 받는 기관을 비롯하여 수습 과정이니 기타 직무 훈련을 제공하는 사업체와 기타 시설도 포함된다.

불평등의
이유

원리

06

규제자를
관리하라

NOAM CHOMSKY

Requiem for the American Dream

규제자를 관리하라

규제(철도 규제, 금융 규제 등)의 역사를 더듬어 보면 애초에 규제가 규제받는 당사자, 즉 경제적으로 집중된 기업 집단에 의해 생겨나거나 그런 집단의 지지를 받은 사례가 아주 흔하다는 사실을 알게 된다. 그 이유는 집중된 기업 집단이 얼마 지나지 않아 규제자들을 장악하고 사실상 규제자들을 관리할 수 있음을 알기 때문이다. 기업 집단은 뇌물에 해당하는 선물, 즉 일자리나 다른 무엇을 제공할 수 있다. 규제자로서는 권력자의 의지에 순응하는 것이 이익이다. 이런 일은 다양한 방식으로 자연스럽게 일어나며, 결국 이른바 '규제의 포획

regulatory capture[*]으로 끝이 난다. 규제를 받는 기업이 사실상 규제자를 관리하는 것이다.[1] 은행과 은행 로비스트들이 사실상 금융 규제법을 작성하는 극단적인 상황으로까지 치닫게 되었다. 역사를 통틀어 이런 일은 계속 벌어지고 있으며, 이번에도 역시 권력의 분배를 살펴보면 그것은 아주 자연스러운 경향이다.

글래스-스티걸 법

대공황 시절 제정된 규제 가운데 하나는 연방정부가 예금을 보증하는 상업은행과 연방정부가 전혀 보증하지 않고 그냥 리스크를 감수하는 투자은행을 분리하는 것이었다. 이른바 글래스-스티걸 법에 따라 두 은행이 분리되었다.

1990년대에 클린턴 행정부의 경제정책은 대체로 로버트 루빈Robert Rubin과 그 동료들(대개 금융 산업 출신이었다)이 주도했는데, 그들은 30년대부터 이어진 이 법률을 파기하기를 원했다. 그리하여 1999년에 공화당 우파인 필 그램Phil Gramm 등의 협력을 받아 글래스-스티걸 법을 훼손하는 데 성공했다. 그 본질을 보면, 결국 투자은행의 위험한 운영이 정부의 보증을 받게 되었다는 것을 의미했다. 이런 사실이 어떤 결과로 이어질지는 분명했으며, 실제로 그렇게 되었다. 그와 동시에 그들은 또한 파생상품(신종 금융 도구) 규제도 금지했다. 결국 이런

1. 《번영의 경제학: 모두를 위한 경제 만들기》, 제이콥 S. 해커·네이트 로웬설, 2012. 124쪽을 보라.

파생상품이 아무 규제도 받지 않고 인기를 얻었다. 이제 문제가 생기면 언제라도 정부가 구제해 준다는 것을 사람들이 아는 한 이 모든 것은 아주 안전하다.

회전문

실제로 로버트 루빈 자신이 이 작업을 완수하고 한 일은 정부에서 물러나 최대 규모의 은행으로 손꼽히는 시티 그룹 회장이 되어 새로운 법률을 활용한 것이었다. 루빈은 시티 그룹의 대형 보험사 인수 등을 도와서 많은 돈을 벌었는데, 결국 시티 그룹은 붕괴했다. 그는 자기 돈을 전부 챙겨 나와서는 오바마의 수석고문으로 복귀했고, 그후 정부는 시티 그룹을 구제금융으로 회생시켰다. 1980년대 초부터 오랫동안 해왔던 것처럼 말이다. 상원의원, 하원의원, 정부 고문 등이 정부를 떠나 이론상 자신들이 규제해 온 상업·산업(이제는 대부분 금융 중심인) 시스템으로 진출함에 따라 규제 포획은 거의 **논리적 결론**이 된 셈이다. 그들이 속한 협회가 거기 있고, 그들 자신이 거기 속해 있기 때문이다. 따라서 그들은 이 시스템을 들락날락하는데, 이는 그들 사이에 똑같이 아주 긴밀한 상호작용이 존재한다는 것을 의미한다. 바로 이것이 '회전문'의 한 측면이다. 입법부 의원이 로비스트가 되기도 하고, 로비스트가 되고 나면 입법을 좌지우지하기를 원한다.

로비

기업계가 입법을 통제하기 위해 격렬하게 움직임에 따라 1970년대에는 로비 분야가 엄청나게 확장되었다. 로비스트들이 심지어 입법안을 직접 **작성**하려고 한 엄청난 시도가 있었다.[2] 기업계는 특히 리처드 닉슨Richard Nixon 덕분에 60년대에 공공복지가 향상되는 것을 보고 무척 당황했다. 잘 알려져 있지는 않지만 닉슨은 마지막 뉴딜 대통령이었고, 그들은 이런 사실을 자기 계급에 대한 배반으로 간주했다.

닉슨 행정부 시절 소비자안전법(소비자제품안전위원회Consumer Product Safety Commission, CPSC), 직장 보건안전 규제(직업안전보건국Occupational Safety and Health Administration, OSHA), 환경보호청Environmental Protection Agency, EPA 등이 생겼다. 기업들은 물론 이런 상황을 달갑게 여기지 않았다. 세금 인상이나 규제를 좋아하지 않았기 때문이다. 그리고 기업들은 이런 상황을 극복하기 위해 일사불란한 노력을 기울이기 시작했다. 로비가 급격하게 늘어났고, 이데올로기 체계를 통제하기 위해 헤리티지 재단 같은 새로운 싱크탱크가 개발되었다. 캠페인에 쏟아붓는 지출이 크게 늘어났는데, 이는 얼마간은 텔레비전 때문에 생겨난 변화였다. 그리고 경제에서 금융의 역할이 엄청나게 커졌다. 그와 더불어 탈규제가 맹렬하게 시작되었다.

113

2. 〈기업 로비스트들은 어떻게 미국 민주주의를 정복했나?〉, 《뉴아메리카위클리》, 뉴아메리카, 리 드루트먼, 2015년 4월 20일. 125쪽을 보라.

원리 6
규제자를
관리하라

탈규제와 금융 붕괴

돌이켜 보면, 1950년대와 60년대에는 금융 붕괴가 전혀 없었다. 당시만 해도 뉴딜의 규제 기구가 제자리를 지키고 있었기 때문이다. 기업의 압력과 정치적 압력을 받으면서 이 기구가 해체되기 시작하자 금융 붕괴가 점점 빈발했고, 그 여파는 여러 해 동안 계속되었다. 70년대에는 탈규제가 시작되었고, 80년대에 금융 붕괴가 실제로 유행처럼 번졌다.

레이건을 예로 들어 보자. 레이건은 은행들이 대가를 치르게 내버려 두지 않고, 콘티넨털일리노이 같은 은행을 구제금융으로 살려 주었다. 1984년 당시에는 미국 역사상 가장 규모가 큰 구제금융이었다. 1980년대 초반에 미국은 대공황 이래 가장 심각한 불황에 빠졌는데, 다양한 형태의 보조금을 비롯한 여러 수단을 동원한 뒤에야 빠져나올 수 있었다. 1987년 다시 한 번 금융 붕괴가 일어났는데, 가히 검은 월요일Black Monday이라 이름 붙일 만한 사건이었다. 레이건은 실제로 거대한 금융위기(저축대부조합 위기)와 함께 임기를 마쳤는데, 이번에도 역시 정부가 개입해서 구제해 주었다.

너무 덩치가 커서 감옥에 넣지 못한다

저축대부조합 위기는 2008년 금융위기와는 약간 다르다. 위기를 초래한 범인들을 법정에 세웠고, 재판을 통해 어떤 속임수와 사기, 책략과 범죄가 실행되었는지 낱낱이 밝혀졌기 때문이다. 그런데 지난번에는 달랐다. 권력이 워낙 집중된 터라 은행들이 "너무 덩치가 커서 파산하게 내버려둘 수 없었"을 뿐만 아니라, 어느 경제학자가 말했듯이 "너무 덩치가 커서 감옥에 넣지도 못한다." 이를테면 형사 조사를 할 수 있는 유일한 경우는 범죄자가 실제로 다른 사업체에 해를 끼치는 내부자 거래뿐이다. 이 경우에는 뭔가 대처를 할 수 있다. 그러나 은행들이 사람들 돈을 그냥 강탈할 때는 아무 처벌도 받지 않는다.

탈규제는 클린턴 시절 내내 계속되었다. 클린턴이 등장하면서 IT 호황이 일었다. 그러나 1990년대 말에 이르러 또 다른 거품이 생겨났다가 터졌다. 이른바 닷컴 거품이었다. 1999년, 상업은행을 투자은행과 분리하는 규제가 해체되었다. 조지 W. 부시George W. Bush가 등장하면서 주택 호황이 일었는데, 놀랍게도 정책경제학자들은 눈치를 채지 못했다. 어쩌면 이들은 주택 가격에 영향을 미치는 요인과는 아무런 관계가 없는 약 8조 달러의 주택 거품이 존재한다는 사실을 무시했을 수도 있다. 물론 그 거품은 2007년에 터졌고, 수조 달러의 자본이 물거품처럼 사라져 버렸다. 가짜 부였던 것이다. 그 결과로 대공

원리 6
규제자를
관리하라

황 이래 최대의 금융위기가 일어났다. 그리고 부시와 오바마가 구제금융에 나서 유력한 기관(법인)들의 구조를 재편하고 다른 모든 사람들은 표류하게 내버려 두었다. 국민들은 집과 일자리를 빼앗기는 심각한 피해를 입었다. 지금 우리는 그 폐허 위에 서 있다. 누구도 처벌을 받지 않았고, 위기를 초래한 주역들은 다시 그다음 위기를 쌓아 나가고 있다.

보모국가

그때마다 납세자는 위기를 야기한 이들을 구제하라는 요구를 받는데, 점차 주요 금융기관이 그 대상이 된다. 자본주의 경제에서는 보통 그렇게 하지 않는다. 자본주의 체제에서는 그 대신 위험한 투자를 하는 투자자들을 일소하고자 한다. 그러나 부자와 권력자들은 자본주의 체제를 원하지 않는다. 그들은 곤경에 빠지는 즉시 '보모국가 nanny state'로 달려가서 납세자의 돈으로 구제금융을 받을 수 있기를 원한다. 그들은 정부 보험증서를 받았다. 무슨 말인가 하면, 얼마나 자주 온갖 위험을 무릅쓰든 간에 곤경에 빠지면 국민들이 구제해 준다는 것이다. 너무 덩치가 커서 파산하게 내버려 둘 수 없기 때문이다. 이런 일이 몇 번이고 되풀이되고 있다.

　그들의 권력이 워낙 거대하기 때문에 그 권력에 조금이라도 손을

116

불평등의
이유

대려는 시도는 언제나 실패로 돌아간다. 도드-프랭크 규제안처럼 온건한 시도들이 있었지만, 로비스트들 때문에 실행 과정에서 축소되었다. 게다가 어쨌든 주된 쟁점을 겨냥하는 것도 아니다. 이렇게 된이유는 충분히 이해할 수 있다. 조지프 스티글리츠Joseph Stiglitz나 폴크루그먼 등 우리가 추구하는 경로에 의미심장하게 반대하는 노벨경제학상 수상자들이 있는데, 누구도 그들에게 조언과 협의를 구하지 않았다. 위기를 해결하기 위해 선정된 사람들은 사실 로버트 루빈패거리나 골드만삭스 패거리 등 애당초 위기를 초래한 주역들이었다.위기를 초래한 그들은 이제 어느 때보다도 더 많은 권력을 갖고 있다.이것이 과연 우연일까? 경제 계획을 만드는 사람들을 고를 때는 우연일 수 없다. 자, 그럼 어떤 일이 벌어지겠는가?

최근 진행된 구제금융은 전례를 찾아보기 힘든 규모였다. 이 대기업들은 자본주의 경제에서 원래대로라면 이 위기를 거치면서 붕괴했어야 마땅하지만 계속 살아남았다. 그러나 우리는 자본주의 경제를갖고 있지 않으며(기업들은 그것을 받아들이려 하지 않고, 자본주의 경제를 막기에 충분한 권력이 있다), 따라서 일반 대중은 파산하는 대기업들의 수중에 말 그대로 몇 조 달러를 쏟아부어서 그 기업들을 유지시키는 데 가담한다. 어느 모로 보나 이것은 사실이다. 몇 년에 걸친 구제금융에 관한 주요한 전문적인 연구(저명한 경제학자 두 명이《포춘》선정 100대 기업에 관해 수행한 연구)에서는, 어느 순간 100대 기업 가운데 거의 25퍼센트가 공적 보조금 덕분에 생존했으며, 나머지 기업들도 대부분 그 덕분에 이익을 얻었다고 결론짓는다.[3] 따라서 이 위기는 규모 면에서 전례가 없을 뿐 새로운 점은 전혀 없다. 어쨌든 모든 경제위기가 마찬가지다.

외부 효과와 시스템 리스크

금융 시스템은 시장 시스템과 밀접하다. 금융은 생산 시스템과 달리 지속적으로 유지되려면 막대한 국가의 활력과 개입이 필요하다는 점에서 시장과 비슷하다. 그리고 시장 시스템 안에는 널리 알려진 고유한 문제가 있다. 즉 거래에 참여하는 주체들이 오직 자신만을 돌보려고 한다는 점이다. 그들은 다른 이들에게 미치는 영향에 관심을 기울이지 않는다. 당신이 나한테 차를 한 대 판다고 생각해 보자. 당신은 수익을 벌려고 하고 나는 괜찮은 차를 사려고 할 테지만, 우리는 환경문제, 교통 혼잡, 연료 가격 상승 등 다른 사람들에게 미치는 영향은 고려하지 않는다. 이런 것이 개별적으로는 작을지 몰라도 점점 쌓인다. 이런 현상을 경제학 용어로 '외부 효과externalities'라고 한다.

그런데 골드만삭스 같은 대형 투자은행은 투자를 하거나 대부를 받는 경우에 자신이 떠안을 리스크를 계산하려고 한다. 물론 이런 은행은 덩치가 너무 커서 파산하게 내버려 둘 수 없기 때문에 자신

118

3. 《국제 구조조정의 논리: 경쟁하는 산업 단지들의 의존성 관리》, 윈프리드 뤼그록·롭 판 툴더, 1995. 127쪽을 보라.

들이 구제금융을 받을 것이라는 사실을 알고 있으며, 따라서 리스크를 계산하기가 아주 쉽다. 이 은행들이 고려하지 않는 것은 이른바 '시스템 리스크systemic risk'다. 이는 그들의 투자가 붕괴하면 전체 시스템이 붕괴하는 위험을 말한다. 그런 일이 벌어졌고, 거듭해서 되풀이되었으며, 아마 앞으로도 다시 벌어질 것이다. 그리고 이런 위기는 탈규제 광증에 의해, 그리고 굉장히 복잡한 금융 도구의 발전에 의해 악화되었다. 이런 금융 도구 역시 경제에 기여하는 바가 알려진 것은 없고 다만 리스크를 복잡한 방식으로 분배할 수 있게 만들어 준다.

바로 이런 일이 모기지(주택담보대출) 위기에서 벌어졌다. 모기지 판매자들은 상환 능력이 전혀 없는 것이 분명한 사람들에게 서브프라임 모기지를 제공했고, 은행들은 그런 모기지를 주택저당증권mortgage-backed security, MBS으로 사들였다. 그러나 은행으로서는 걱정할 것이 없었다. 이른바 '증권화'를 한 것이었기 때문이다. 그들은 주택저당증권을 수많은 조각으로 분해해서 다른 누군가에게 부채담보부증권collateralized debt obligation, CDO으로 넘겨주었다. 이제 이 투자자들은 종종 자기가 무엇을 사는지도 알지 못했으며, 다른 한편 이런 매입을 가능케 한 금융 도구들은 사실상 자기 행동의 실패에 대비한 보험이었다. 엄밀하게 따지면 그것은 원래 리스크를 줄여 주기로 되어 있었다. 그런데 사실상 그 도구가 발휘한 효과는 리스크를 증폭하는 것이었고, 따라서 (주택 위기가 발생한 경우처럼) 시스템이 고장 날 때 그 효과가 더욱 거대했다. 이번에도 역시 납세자들은 구제금융을 해달라는 요청을 받았다. 단순히 은행들에 구제금융만 제공한 것이 아니라, 연방준비제도이사회와 재무부에서 수천억 달러를 내놓고 저렴한 신용을 제공하는 등의 조치가 이루어졌다.

여기서 놀라운 것은 하나도 없다. 당신이 기대하는 바로 그런 동학이다. 국민들이 그냥 내버려 두면, 이런 일이 언제까지고 계속될 것이다. 그런데 또 다른 금융위기가 빤히 예상되는 터라 기업의 신용 상태를 평가하는 신용 기관들은 현재 다음번 위기 이후 또다시 납세자들의 구제금융이 이루어질 것으로 예상하고 그것을 계산에 포함시키고 있다. 결국 거대 은행 같은 신용 등급 평가의 수혜자들은 더 저렴하게 돈을 빌리면서 규모가 작은 경쟁자를 밀어낼 수 있으며, 금융 분야의 집중은 더욱 확대된다.

어디를 둘러보든 이런 식으로 정책이 설계되고 있지만, 누가 보더라도 절대로 놀랄 일이 아니다. 자기 자신의 권력을 키워 나가는 데 몰두하는 극히 일부 부자 집단에게 권력을 쥐어 줄 때 바로 이런 일이 생긴다. 우리의 예상에서 한 치도 벗어나지 않는다.

시장이 지배하게 하라

'신자유주의'의 가장 단순한 정의는 이것이다. '시장이 모든 것을 운영하게 하라!' 이러한 정의에 따르면 정부는 정책 형성에서 손을 떼고 그저 시장 활동을 지원하기만 하면 된다. 그러나 그것을 정말 바라는 사람은 어디에도 없다. 이런 조치는 빈민과 약자에게 적용되지만 당신에게는 적용되지 않는다. 이것이 일찍이 17세기부터 근대 경제사를 면면히 관통하는 흐름이다. 당시에는 신자유주의라는 이름으로 불리지는 않았다.[4]

새롭게 해방된 아메리카 식민지에 애덤 스미스가 내놓은 권고를 예로 들어 보자. 당대의 위대한 경제학자였던 스미스는 식민지에 조언을 했다. 사실상 오늘날 세계은행과 국제통화기금이 빈국들에게, 그리고 미국의 빈민들에게 말하는 것과 다를 바가 없는 내용이다. 스미스는 식민지는 자신이 유능한 분야(이것은 훗날 '비교우위'라는 이름으로 불렸다)에 집중해야 한다고 말했다. 농산물, 물고기, 모피 같은 1차 산물을 수출하고 영국의 우수한 제품을 수입하라는 것이었다. 더 나아가 당신네 자원을 독점하려고 하지 말라고도 했다. 그 시절에 주요한 자원은 면화였다. 면화는 초기 산업혁명의 연료와도 같았다. 스미스는 면화가 전체 경제 생산량을 늘려 줄 것이라고 아메리카 식민지에 지적했다.

물론 아메리카 식민지는 해방되었고, 따라서 식민지는 이른바 '건전한 경제학'을 완전히 무시할 수 있었다. 식민지는 영국의 우수한 제품(처음에는 섬유, 나중에는 철 등)을 막기 위해 높은 관세를 부과했고,

---

4. 《국부론》, 애덤 스미스, 1776. 128쪽을 보라.

원리 6
규제자를
관리하라

그 결과 국내 산업을 발전시킬 수 있었다. 식민지는 열심히 노력했고, 실제로 면화를 독점하는 데 거의 성공했다. 이것은 멕시코의 절반과 텍사스를 정복하려는 의도에서 중요한 부분이었다. 그 이유는 아주 명백했다. 잭슨주의 대통령들은 미국이 면화를 독점할 수 있다면 영국을 굴복시킬 수 있다고 말했다.[5] 영국이 필요로 하는 주요 수입품을 우리가 통제하면 그들은 살아남지 못한다는 것이었다. 따라서 아메리카 식민지는 자세한 내용을 검토하지 않고서도 신자유주의 처방과 정반대의 행동을 했다(우연하게도 영국 역시 과거에 발전할 때 똑같이 행동했다). 한편 가난하고 억압받는 이들은 이런 원칙을 강요받았다. 그리하여 인도와 이집트, 아일랜드 등은 탈산업화되고 퇴화되었다. 이런 상황은 오늘날까지도 계속된다.

바로 이런 일이 지금 우리 눈앞에서 벌어지고 있다. 미국 내부를 들여다보자. 국민 대다수에게 이 원칙은 '시장이 지배하게 내버려 두어야' 한다는 것이다. 복지 혜택을 삭감하고, 사회보장제도를 삭감하거나 폐지하고, 그나마도 제한된 의료보험을 삭감하거나 축소하고, 그냥 한마디로 시장이 모든 것을 운영하게 내버려 두어야 한다. 그러나 부유층의 경우는 다르다. 부자들에게 국가는 강력해야 하며, 그들이 곤경에 빠지는 즉시 언제라도 끼어들어서 구제해 주는 것이어야 한다. 예컨대 레이건을 보라. 그는 신자유주의와 자유시장의 아이콘이다. 그렇지만 그는 제2차 세계대전 이후 미국 역사에서 가장 보호

5. 존 타일러 대통령이 아들 타일러 대령에게 보낸 편지, 1850년 4월 17일. 128쪽을 보라.

주의적인 대통령이었다. 그는 보호주의 장벽을 배로 늘려서 경쟁력이 없는 미국 경영진을 일본의 우수한 생산 능력으로부터 보호하고자 했다. 또한 레이건은 은행들이 대가를 치르게 내버려 두지 않고 구제 금융을 해주었다. 사실상, 레이건 시기에 정부는 경제와 비례해서 실제로 **성장했는데**, 그런 정부가 신자유주의의 아이콘이다. 레이건이 추진한 '스타워즈(전략방위구상SDI)' 프로그램은 정부가 제공하는 자극제, 즉 톡톡한 효과를 발휘하는 일종의 고수익 상품으로 기업계에 공공연하게 홍보되었다는 사실을 언급해야 한다. 그러나 그것은 부유층을 위한 선물이었다. 한편 빈곤층이 늘상 듣는 말은 이런 식이었다. 시장 원리가 지배하게 내버려 둬라! 정부로부터 일절 도움을 기대하지 마라! 정부는 해법이 아니라 문제다! 바로 이것이 신자유주의의 본질이며, 그 안에는 경제사에서 다시 없을 이와 같은 이중성이 있다. 부유층에게는 부유층의 규칙이 있고, 빈곤층에게는 정반대의 일련의 규칙이 있는 것이다.

1

《번영의 경제학: 모두를 위한 경제 만들기》,
제이콥 S. 해커·네이트 로웬설, 2012

66 돈이 정치에서 더욱 중요해지고 기업의 이해관계가 더욱 조직화
됨에 따라 사업 조직과 부유층은 중산층에 비해 막대한 권력을 손
에 넣고 있다. 그리하여 오늘날 경제적 승자들은 시장에서 혁신하는
대신 정부 정책을 주무르는 방식으로 소득을 창출하고 강화할 수 있
다. 이런 활동 때문에 나머지 미국인들은 더 가난해지고 우리의 정치
체제는 더 허약해진다. (…)

우리의 정치체제는 점차 한 방향으로 돈이 흘러가면 반대 방향으
로 우호적인 정책이 흘러나오는 양방향 채널로 바뀐다. 대기업은 기
부를 하고, 값비싼 로비스트(대개 전직 고위 관리와 부하 직원이다)를 고
용하고, 비싼 돈을 들여 가짜 풀뿌리 캠페인을 운영하면서 자신들이

선호하는 정책을 추구한다. 워싱턴의 회전문은 (보상과 특권에서 점차 외딴 곳이 되는 두 세계 사이에서) 점점 더 빠르게 움직인다. 국회의원들과 참모진, 행정부의 고위 관리들은 권력의 장에서 부지런히 영향력을 행사해 달라고 막대한 돈을 제공받는다. 연방 차원의 로비에 투입된 공식 지출은 (분명 실제 액수는 이보다 많을 텐데) 4억 6000만 달러에서 30억 달러 이상으로 늘어났다. 기업과 부유층이 민간 부문에서 수익을 얻기 위해 투자한다면, 정치에서도 수익을 얻기 위해 투자한다. 그 수익은 오직 우리의 경제 전반, 납세자들, 민주주의를 희생시키면서 나올 뿐이다.

2

〈기업 로비스트들은 어떻게 미국 민주주의를 정복했나?〉,
《뉴아메리카위클리》, 뉴아메리카, 리 드루트먼,
2015년 4월 20일

❝ 워싱턴에서는 무언가 균형이 맞지 않는다. 기업들은 현재 보고된 바로는 로비에 연간 26억 달러를 쓴다. 우리가 하원(11억 8000만 달러)과 상원(8억 6000만 달러) 예산으로 지출하는 20억 달러보다 더 큰 액수다. 2000년대 초반에 기업 로비가 하원과 상원 예산 합계를 넘어서기 시작한 이래로 이 격차는 꾸준히 커지고 있다.

오늘날 손꼽히는 규모의 기업들은 100명이 넘는 로비스트를 거느리고 있기 때문에 그들은 언제 어디에나 존재한다. 노동조합과 공익단체가 합쳐서 로비에 1달러를 지출할 때, 대기업과 그 협회들은 34달러를 지출한다. 로비에 가장 큰 액수를 지출하는 100개 단체 중에서 95개가 일관되게 기업을 대변한다.

기업이 이렇게 미국 정치에서 지배적 위치를 차지한 기원을 찾으려면 도금시대로 거슬러 올라가야 한다. 한결 다원적이었던 1950년대와 60년대에도 정치적 대표성은 부유층에 유리하게 기울었던 것이 사실이지만, 오늘날의 기준으로 보면 로비가 거의 균형을 이루었다. 노동조합은 훨씬 더 중요한 존재였고, 60년대의 공익 단체들은 한층 더 중요한 행위자였다. 70년대 이전에는 워싱턴 로비스트를 자체적으로 보유한 기업이 거의 없었다. 50년대와 60년대에는 기업들이 (대개 협회를 통해서) 로비를 한다고 해도 서투르고 효과가 없었다. 주요한 세 정치학자가 1963년에 내놓은 연구 〈미국 기업과 공공 정책American Business and Public Policy〉에서는 다음과 같이 결론지었다. "전형적인 로비 집단을 살펴보면 책략을 쓸 기회가 크게 제한되고, 직원들이 뛰어나지 않으며, 대부분 의회 표결에 영향을 미치는 문제가 아니라 자신들의 생존을 위해 고객과 기부자를 찾는 문제로 골머리를 앓는다."

오늘날에는 사정이 전혀 다르다. 기업 로비가 드문드문 존재하는 대응 세력에서 어디에나 존재하면서 점차 선제 행동을 벌이는 세력으로 진화한 사실은 지난 40년 동안 미국 정치에서 일어난 가장 중요한 변화로 손꼽힌다.

3

《국제 구조조정의 논리: 경쟁하는 산업 단지들의 의존성 관리》, 윈프리드 뤼그록 · 롭 판 툴더, 1995

" 우리가 판단하기에, 1993년《포춘》선정 100대 기업 가운데 최소한 20개 기업은 자국 정부가 구해 주지 않았더라면 아마 독자적인 기업으로 살아남지 못했을 것이다. 18개 핵심 기업은 대부분 대규모 구조조정 시기를 거치면서 국유화되었고, 때로는 파산 일보 직전까지 갔다. 이 핵심 기업들이 퇴출되거나 소멸하는 경우에 한 나라가 떠안는 사회적 비용 때문에 그들은 각국 정부에 자신들의 손실을 사회화하라고 요구할 수 있었다. 비록 일시적으로나 장기적으로나 자율성을 잃는 대가를 치르기는 했지만 말이다. IRI나 INI(1920~40년대), ENI 같은 거대 국유 대기업의 형성이 좋은 예다.

4

《국부론》, 애덤 스미스, 1776

❝ 미국인들이 결사나 어떤 종류의 폭력으로 유럽 제조품의 수입을 중단시키고 유사한 제품을 생산할 수 있는 그들 자신의 국민에게 독점권을 줌으로써 그들 자본의 상당한 부분을 제조업 투자로 돌린다면, 그들은 연간 생산물의 가치 증가를 가속화하는 것이 아니라 지체시킬 것이며 진정한 부강을 향한 그 나라의 전진을 촉진하는 것이 아니라 오히려 방해할 것이다. 그들이 같은 방식으로 모든 수출 무역을 독점한다면 더욱 그러할 것이다.

5

존 타일러 대통령이 아들 타일러 대령에게 보낸 편지, 1850년 4월 17일

❝ 텍사스 병합 문제에 관해서는 그 사람에게 진실을 알려주면서 짧은 편지에서 답했다. 이 문제에 관한 내 생각은 근시안적이거나 편협하거나 고집스럽지 않았다. 나는 나라 전체와 나라의 모든 이익을 두루 고려했다. 목화의 독점은 엄청나게 중요한 관심사였다. 현재 우리가 독점을 확보한 덕분에 다른 모든 나라가 우리 발밑에 있다. 1년만

수출 금지령을 내려도 유럽에서는 50년 전쟁보다 더 큰 고통을 겪게
될 것이다. 영국이 과연 동란을 피할 수 있을지 의심스럽다.

선거를
주물러라

NOAM CHOMSKY

Requiem for the American Dream

선거를 주물러라

앞서 말했듯이 부의 집중은 정치권력의 집중을 낳는데, 특히 선거 비용이 계속 치솟으면서 이런 현상이 더욱 굳어진다. 선거를 돈 주고 사는 능력이 급속하게 향상되면서 민주주의 체제가 산산이 조각나고 있다. 2009년 미국 대법원이 내린 아주 중요한 판결인 '시민연합 대 연방 선거관리위원회' 사건을 예로 들어 보자. 이 판결에는 역사적 배경이 있는데, 먼저 그 배경에 관해 생각해 보아야 한다.

헌법 수정조항 제14조에는 정당한 법의 절차에 의하지 않고는 어떤 사람의 권리도 침해될 수 없다는 조항(사실 이 구절은 헌법 수정조항

제5조에도 있지만, 제14조에서 부연 설명된다)이 있는데, 그 의도는 분명 해방 노예를 보호하는 것이었다.[1] 이 조항에는 다음과 같은 부분이 있다. "그렇다. 그들은 법의 보호를 받는다." 그렇지만 이 조항이 해방 노예를 위해 활용된 적은 없는 것 같다. 설사 그런 경우가 있더라도 미미했을 뿐이다. 사실 이 조항은 생기자마자 기업(대기업)을 위해 활용되었다. 정당한 법 절차가 없이는 기업의 권리를 침해할 수 없는 것이다. 이것은 고전적인 자유주의 원리에 대한 격렬한 공격이며, 그 시절 보수주의자들에게서 비난을 받았다. 그러나 이 추세는 기업에도 인격권이 있다는 점이 굳건하게 확립된 20세기 초까지 계속되었고, 또 20세기 내내 확대되면서 기업이 법에 따라 점차 인격을 갖게 되었다.

법인 기업의 인격

법인 기업corporation은 국가가 창조한 법적 허구다. 경우에 따라 좋은 기업도 있고 나쁜 기업도 있다. 하지만 기업을 인간으로 칭하는 것은 언어도단이다. 이른바 자유무역협정, 이를테면 북미자유무역협정 NAFTA을 예로 들어 보자. 이 협정을 체결한 주역들은 법인 기업에 사람을 **훌쩍** 뛰어넘는 권리를 주었다. 따라서 만약 제너럴모터스가 멕시코에 투자하면 멕시코 국민의 권리, 멕시코 사업체의 권리를 얻는다. 그러나 어떤 멕시코 사람이 뉴욕에 가서 '나는 미국 국민의 권리

---

1. 시민연합 대 연방 선거관리위원회 판결, 미합중국 대법원, 2010년 1월 21일. 139쪽을 보라.

를 원한다'고 말하면 무슨 일이 벌어질지 굳이 말할 필요도 없다. 따라서 인격 개념은 한편으로 법인 기업까지 포함하는 쪽으로 확대되었지만 다른 이들에게는 제한되었다.

헌법 수정조항 제14조를 말 그대로 받아들이면, 미등록 외국인은 사람이기만 하면 누구도 권리를 박탈당할 수 없다. 그런데 법원은 오랫동안 쌓은 지혜를 통해 그런 가능성을 지워 버렸고, 불법 체류 외국인은 사람이 아니라고 말했다. 이 나라에서 살면서 당신이 사는 집을 짓고, 당신네 잔디밭을 다듬는 등의 일을 하는 미등록 외국인은 사람이 아니지만, 제너럴일렉트릭은 사람일 뿐 아니라 불사의 초강력 인간이다. 이와 같은 기초적 도덕의 전도와 이 법률의 명백한 의미의 전도는 믿을 수 없을 정도다.

기업이 후원하는 선거

1970년대에 법원은 '버클리 대 발레오' 사건에서 돈이 일종의 표현 Money is a form of speech이라고 판결했다.[2] 하지만 그 뒤로도 오랜 세월을 거쳐 '시민연합' 사건에서는 기업의 표현의 자유(주로 원하는 만큼 많은 돈을 쓸 수 있는 자유)를 박탈해서는 안 된다고 결정했다. 이것이 무슨 의미인지 한번 살펴보자. 이 말은 어쨌든 거의 돈을 주고 선거를 사는 기업이 사실상 아무 제한을 받지 않고 마음대로 그렇게 할 수

134

2. 버클리 대 발레오 판결, 미합중국 대법원, 1976년 1월 30일. 140쪽을 보라.

있다는 뜻이다. 그나마 남아 있는 민주주의의 껍데기에 일격을 가한 것이다.

결정적인 표를 던진 앤서니 케네디Anthony Kennedy 판사의 판결문을 읽어 보면 무척 흥미롭다. "생각해 보면, 어쨌든 CBS는 표현의 자유를 부여받는다. CBS도 기업인데, 제너럴일렉트릭은 왜 원하는 대로 많은 돈을 자유롭게 쓰면 안 되는가?" CBS가 표현의 자유를 부여받는 것은 사실이지만, CBS는 **공적 서비스**를 수행한다고 간주된다. 그것이 이유다. 언론은 원래 그런 일을 하는 것이고, 제너럴일렉트릭은 최고경영자, 일부 주주, 다른 은행 등을 위해 돈을 벌려고 노력한다. 그런데 이 판결문은 비공개 요건으로 통과되었다. 그리하여 막대한 자유를 부여한다.

이런 믿기 힘든 판결 때문에 미국은 기업의 권력이 과거의 수준을 훌쩍 뛰어넘어 확대되는 상황에 처하게 되었다. 이것은 악순환의 일부다. 대법원 판사들은 반동적인 대통령들이 임명하는데, 이 대통령들은 기업의 자금 지원을 받은 덕분에 당선된 이들이다. 이런 식으로 악순환이 계속되는 것이다.[3]

선거 자금 분야에서 손꼽히는 전문가인 정치학자 토머스 퍼거슨Thomas Ferguson은 이른바 '정치의 투자 이론investment theory of politics'을 발전시켰다. 유권자가 아니라 기업체와 투자자가 정치체제에 막대한 영향력을 미친다는 이론이다. 내용인즉슨 이렇다. 후보자는 계속해서

3. 〈폭로: 왜 석학들은 거액 기부금과 2012년 선거에 관해 잘못 생각하고 있는가〉, 알터넷, 토머스 퍼거슨·폴 조겐슨·지 첸, 2012년 12월 20일. 141쪽을 보라.

선거 자금으로 수십억 달러가 필요할 텐데, 누구한테 손을 내밀겠는가? 더군다나 '시민연합' 판결 이후 기업이 자금 지원을 할 수 있는 문이 활짝 열린 상황에서 말이다. 선거에 출마하기를 원한다면 기업 체제의 중심부로 가야 한다.

선거운동 자금 지원은 단순히 후보자를 끌어들이는 것이 아니다. 어떤 후보자에게 자금을 지원한다는 것은 곧 접근권을 사는 것이다. 자금 제공자는 누구나 이런 사실을 알고 있다. 후보자는 계속해서 자금 지원을 원하기 때문에 기부자에게 특권적인 접근권을 줄 것이다. 그리고 그 후보자가 승리하는 경우에 특권적인 접근권이란 기부자의 법인 변호사가 해당 의원의 참모진, 즉 실제로 입법을 작성하는 사람들에게 찾아가는 것을 의미한다. 의원들은 종종 법안 내용조차 알지 못하지만, 실제로 그 일을 하는 사람들(기부자의 법인 변호사들)은 참모진에게 찾아가서 진위가 의심스러운 통계자료와 논거, 수많은 자료를 쏟아붓는다. 기본적으로 그들이 법률을 작성한다. 따라서 결과적으로 나오는 정책은 대부분 자금 지원 덕분에 접근권을 얻은 기업 로비스트들과 변호사들이 작성하는 것이다.

투표함을 넘어서

내가 보기에, 4년마다 벌어지는 선거라는 화려한 쇼에는 말 그대로 우리 시간 중에 10분 정도만 투입해야 한다. 1분은 계산에 관해 약간 배우는 데 써야 한다. 계산에는 아주 단순한 요점이 있다. 공교롭게도 당신은 경합 주, 즉 결과를 확정하기 힘든 주에 살고 있다. 그렇다면 클린턴을 찍지 않는다면 결국 트럼프를 찍는 셈이다. 이것이 계산이다. 그러니까 계산 문제를 해결하는 데 1분을 쓰고, 그다음에 2분 정도는 후보는 물론 양당의 장점을 살펴보는 데 쓴다. 내가 보기에 현재 상황에서는 2분 정도면 충분하다. 그리고 나머지 7분 동안 투표소로 가서 전자투표 손잡이를 당긴다.

한편 이렇게 10분을 쓰고 난 뒤 우리는 정말 중요한 문제로 관심을 돌려야 한다. 이를테면 선거가 아니라 해야 할 일을 위해 끊임없이 분투하는 적극적이고 헌신적인 대중운동을 개발하고 조직하기 위해 지속적으로 노력하는 것이다. 그것은 시위를 하고 후보에게 압력을 가하는 일일 뿐 아니라 유의미한 선거 제도를 구축하는 일이기도 하다. 4년에 한 번씩 투표를 하는 것으로 제대로 작동하는 민주주의나 정당을 건설하지는 못한다.

제3정당, 독립적인 정당을 원한다면 4년마다 한 번씩 투표를 하는 것으로는 충분하지 않다. **언제나 변함없이** 나서야 한다. 학교운영위원회에서부터 시의회, 주의회, 연방의회까지 이어지는 체계를 개발해야 한다. 이미 이런 사실을 잘 이해하는 사람들이 극우파라는 이름으로 존재한다. 티파티Tea Party가 (많은 자본과 사상을 밑천으로 삼아) 바로 이런 식으로 조직되었으며, 톡톡히 영향력을 발휘하고 있다. 독자적인 진보 정당에 관심이 있는 사람들은 그런 일을 하지 않았다. 그들은 중요한 일은 선거라는 화려한 쇼일 뿐이라고 말하는 선전의 덫에 걸려 있다. 분명히 존재하는 선거를 무시할 수는 없지만, 내가 말했듯이 선거에는 10분만 투자하면 된다. 그렇지만 다른 일들, 정말 중요한 일들은 끊임없이 해야 한다.

1

시민연합 대 연방 선거관리위원회 판결, 미합중국 대법원,
2010년 1월 21일

❝ 언론 기업에 대한 법률의 예외는 그 자체의 표현에서 보면 왜곡 방지 원리antidistortion rationale의 무효성을 시인하는 것에 가깝다. 그리고 이런 면제는 이 법률의 무효성을 보여주는 또 다른 별도의 이유로 귀결된다. 역시 그 자체의 표현에 따라, 이 법률은 일부 기업에는 면제되고 다른 기업에는 적용된다. 두 기업 모두 자신의 견해를 전달할 필요나 동기가 있다 할지라도 말이다. 이 면제는 뉴스 이외의 다양한 사업에도 상당한 투자를 하고 참여하는 기업이 소유하거나 통제하는 언론 기업에 적용된다. 따라서 이런 면제는 언론 기관은 다른 기업과 달리 발언권이 있다는 의심스럽기 짝이 없는 명제를 당연시하면서 언론 사업체와 언론과 무관한 사업체 둘 다를 소유한 복합 대

기업이 자신의 전반적인 사업 이익을 증진하기 위해 언론에 영향력을 행사하거나 통제하게 해줄 것이다. 그와 동시에 동일한 사업적 이익을 갖지만 소유 구조 안에 언론 사업체를 보유하지 않은 일부 다른 기업은 동일한 문제에 관해 대중에게 발언하거나 정보를 주지 못할 것이나. 이러한 차별 내우는 헌법 수정조항 제1조에 부힙되지 않는다.

2

버클리 대 발레오 판결, 미합중국 대법원, 1976년 1월 30일

> 한 개인이나 단체가 선거운동 중에 정치적 의사소통에 지출할 수 있는 돈의 액수를 제한하면 논의되는 쟁점의 수효, 심층적 탐구, 논의를 접하는 청중의 규모가 제한되기 때문에 필연적으로 의사 표현의 양이 축소된다. 오늘날의 대중사회에서 모든 의사소통 수단에는 사실상 돈이 지출될 수밖에 없기 때문이다. 소박한 전단지나 리플릿을 나눠 주려고 해도 인쇄, 종이, 배포에 비용이 들어간다. 연설과 집회를 하려면 대개 강당을 빌리고 행사를 홍보해야 한다. 유권자들이 점차 텔레비전과 라디오, 그 밖의 뉴스와 정보 미디어에 의존하기 때문에 이런 값비싼 소통 양식이 효과적인 정치적 발언을 하는 데 필

수 불가결한 도구가 되었다.

3

<폭로: 왜 석학들은 거액 기부금과 2012년 선거에 관해 잘못 생각하고 있는가>, 알터넷, 토머스 퍼거슨 · 폴 조겐슨 · 지 첸, 2012년 12월 20일

" 지금 우리는 대부분의 주요 투자자들에게 자금을 받는 선거운동의 동학은 전통적인 민주주의 이론이 생각하는 선거운동과 다르다는 점을 독자들에게 상기시키고자 한다. "거액의 돈이 정치에 미치는 가장 중요한 영향은 확실히 가장 높은 값을 부른 입찰자에게 선거를 넘겨주는 것이 아니다. 그보다는 정당과 후보자, 선거운동을 거액 기부자가 수용할 수 있는 협소한 범위의 쟁점들로 공고하게 굳히는 것이다. 정치에서 '황금률'의 토대는 미국에서 주요 공직에 출마하는 데 엄청난 비용이 든다는 단순한 사실에서 유래한다. 대규모 사회운동이 부재한 가운데, 오직 재정을 조달할 수 있는 정치적 견해만 유권자들에게 제시된다. 모든 주요 투자자들(요즘 유명한 '1퍼센트'를 생각해 보라)이 동의하는 쟁점에 관해서는, 설령 절대 다수의 유권자가 무언가를 원한다는 걸 모두가 안다고 해도 정당 간에 어떤 경쟁도 벌어지지 않는다."

하층민을
통제하라

Requiem for the American Dream

하층민을 통제하라

결함이 있기는 하지만 계속해서 대중의 삶을 개선하려는 노력의 최전선에 서 있던 조직화된 세력이 하나 있다. 조직화된 노동자들이 그 주인공이다. 조직화된 노동자들은 기업의 독재로 이어지는 이런 악순환을 막을 수 있는 유일한 장벽이다.

노동조합과 조직화된 노동자들에 집중적이고 거의 광적인 공격이 가해지는 주된 이유는 그들이 민주화 세력이기 때문이다. 그들은 노동자의 권리뿐 아니라 대중 일반의 권리도 지키는 장벽을 제공한다. 이런 장벽은 사회를 소유하고 관리하는 이들의 특권과 권력에 간섭

한다.

미국 엘리트 집단의 반노동조합 정서가 워낙 강하기 때문에 미국에서는 노동권의 기본적인 핵심(국제노동기구International Labour Organization, ILO의 기본 원칙인 자유로운 결사의 권리, 즉 노동조합을 결성할 권리)이 승인받은 적이 없다. 아마 이런 점에서 미국은 주요 사회 중 유일무이할 것이다. 이 권리는 미국 정치의 스펙트럼에서 워낙 동떨어진 문제로 여겨지기 때문에 말 그대로 제대로 검토된 적이 없다.

기업가 계급은 계급의식으로 똘똘 뭉쳐 있으며, 대중의 권력이 고조되면 언제나 기업가 계급과 식자층은 실제로 깊은 우려를 품는다. 그들은 대개 '지나치게 많은 민주주의'는 실질적인 문제라는 명제에 동조하기 때문이다. 비슷한 선진 사회와 견주어 보면 미국은 무척 폭력적이고 오랜 노동의 역사를 갖고 있다는 사실을 기억하자. 과거에는 노동운동이 무척 강력했지만, 1920년대에 이르면 오늘날과 별로 다르지 않은 시기를 거치면서 사실상 진압되었다. 우드로 윌슨Woodrow Wilson의 빨갱이 소동도 한몫을 했고, 다른 수단도 동원되었다(위대한 노동역사학자로 손꼽히는 데이비드 몽고메리David Montgomery는 주저 《노동 가의 몰락The Fall of the House of Labor》에서 이 시기를 설명했다).

따라서 노동운동은 1930년대 초반 내내 수면 아래에 잠복했지만, 중반에 이르러 재건되기 시작했다.[1] 가장 중요한 조직인 산업별노동조합회의Congress of Industrial Organization, CIO는 많은 사람들을 끌어들였다.

1. 〈포드 인력, 루이스의 노동조합 조직자들 진압, 철강 파업에 8만 명 참여, 싸움 중에 16명 부상〉, 《뉴욕타임스》, 1937년 5월 26일. 156쪽을 보라.

이 조직은 다른 운동까지 활성화하는 효과를 발휘했다. 오늘날에는 일종의 금기어가 되었지만 민권, 노동자 조직화, 사회·정치운동 등 온갖 운동의 선두에 서 있던 공산당이 함께했다.

뉴딜 정책

프랭클린 델리노 루스벨트Franklin Delano Roosevelt는 일반 국민에게 이익이 되는 진보적 입법에 공감하는 편이었지만, 어쨌든 그 법안을 통과시켜야 했다. 루스벨트는 노동계 지도자들을 비롯한 이들에게 자기 생각을 알렸다. "내가 그 일을 하게 강제해 주세요. 여러분이 나를 강제할 수 있다면, 나는 기꺼이 행동에 나서겠습니다." 무슨 말인가 하면, 그들이 나서서 시위하고, 조직하고, 항의하고, 노동운동을 발전시키는 등의 행동을 하라는 것이었다. 대중의 압력이 충분하면 그들이 원하는 법안을 본인이 통과시킬 수 있다는 것이었다. 그리하여 대공황의 엄청난 충격과 재앙(이번에도 역시 그들이 극복하는 데 관심이 있는 금융위기에 의해 야기된 것이었다)을 극복하고 일반 대중에게 이익이 되는 입법을 진전시키는 데 관심이 있는 동조적인 정부와 일종의 공모가 있었다.

기업계는 실제로 뉴딜 시기인 1930년대에 분열되었다. 첨단 기술 중심으로 국제적인 사업을 지향하는 기업들은 뉴딜을 지지했다. 이

기업들은 노동권과 적정 임금 등에 반기를 들지 않았다. 그들은 뉴딜 정부의 국제적인 지향을 선호했다.[2] 한편 훨씬 더 노동 집약적이고 국내 지향적인 산업을 중심으로 하는 미국제조업협회National Association of Manufacturers, NAM는 뉴딜에 완강하게 반대했다. 따라서 지배자들 사이에 분열이 존재했다. 예를 들어 GE 회장은 루스벨트의 주요 지지 자였다. 대중의 대규모 봉기와 더불어 이런 지지 덕분에 루스벨트는 매우 성공적인 뉴딜 입법을 완수할 수 있었다. 뉴딜 입법은 대공황으로 인한 최악의 영향을 일부 극복할 뿐만 아니라 전후戰後 경제성장을 할 수 있는 토대가 되었다. 그렇지만 실업은 해결되지 않았다. 실업은 제2차 세계대전까지도 계속 이어졌다.

따라서 동조적인 정부와 1930년대 중반에 이르러 상당한 실체가 된 대중운동 사이에 일종의 공모가 이루어졌다. 쟁의 행위가 벌어졌다. 소유주에게 엄청난 공포를 안겨 준 공장 점거 파업이 벌어졌다. 공장 점거 파업은 '사장은 필요 없다. 우리가 직접 공장을 돌릴 수 있다'고 말하는 것이나 마찬가지라는 사실을 알아야 한다. 기업들은 공포에 사로잡혔다. 1930년대의 경제 언론 기사를 읽어 보면, "대중의 정치권력이 고조되면서 기업가들이 위험에 직면해 있으며" 이런 상황을 진압해야 한다는 이야기가 눈에 들어온다. "사람들에게 자본주의 이야기를 주입하기 위해 그들의 생각을 장악하려는 지속적인 싸움"을 벌여야 한다는 식이다. 천박한 마르크스주의같이 들리지만,

2. 해리 트루먼의 켄터키 주 루이빌 연설, 1948년 9월 30일. 157쪽을 보라.

기업가 계급은 실제로 계급 전쟁을 수행하는 천박한 마르크스주의 자이기 쉽다. 30년대의 기업계 문헌은 실제로 《파월 메모》와 어조나 내용에서 비슷하다. "우리가 패배하면 모든 게 파괴되고 만다." 실제로 기업계는 당시에 과학적인 파업 파괴 기법이라고 불린 방법을 개발하기 시작했다. 폭력은 이제 더는 효과가 없고, 폭력을 쓸 수도 없으니까 노동운동을 허물어뜨리기 위해 좀 더 정교한 방식을 찾아보자는 것이었다.

대공황 자체는 실제로 제2차 세계대전 때까지 이어졌다. 전쟁이 벌어지자 정부가 거대한 자극제 역할을 하면서 결국 산업 생산이 엄청나게 증가하고(사실상 4배로 늘었다), 사람들이 다시 일자리를 얻었다. 제2차 세계대전은 전례 없는 전후의 성장과 발전을 위한 무대를 마련해 주었고, 이 과정에는 정부의 상당한 투입도 있었다. (과거를 더듬어 보면, 컴퓨터와 인터넷 등 오늘날 사람들이 당연하게 여기는 많은 것들이 모두 사실상 국가 경제 부문을 통해 상당히 발전했다. 첨단 기술 경제는 대부분 그런 식으로 발전했다.)

기업계의 공세

그리하여 제2차 세계대전 중에는 잠시 보류되었지만, 전쟁 직후 기업계의 대대적인 공세가 시작되었다. 예컨대 태프트-하틀리 법Taft-

Hartley Act과 매카시즘에 이어 기업의 대규모 선전 공세가 진행되었다. 노동조합을 공격하고, 교육 체계와 스포츠 리그를 장악하여 통제하고, 교회에 침투하는 등 정말 말 그대로 대대적인 공세였다. 이 시기에 벌어진 공세에 관한 훌륭한 연구도 많이 있다.

이런 공세와 더불어 정부에 대한 국민의 태도가 더욱 모호해지게 하려는 노력이 이루어졌다. 한편으로 국민 의지의 잠재적 도구인 정부를 국민이 혐오하고 두려워하게 유도하는 반면, 사기업에는 아무 책임도 지우지 않아서 일종의 폭정을 낳는다. 기업이 더 많은 권력을 갖고 정부가 더 적은 권력을 가질수록, 부자와 권력자의 관점에서는 더 좋은 일이다. 따라서 국민들은 한편으로 정부를 혐오하라는 설득을 당하면서, 또 다른 한편으로는 사기업이 (첨단 기술 경제에서부터 구제금융, 국제적 영향력에 이르기까지 거대한 스펙트럼에 걸쳐) 국가의 광범위한 지원에 의존하기 때문에 정부를 지지해야만 했다.

이 공세는 레이건 시기에 급격하게 고조되었다. 레이건은 기업계에 "조직화 시도와 파업을 불법적으로 깨부수고 싶다면, 그렇게 하라"고 말했고, 실제로 불법적인 파업 파괴가 급증하고 불법적인 해고가 3배 증가했다. 레이건 대통령 이전인 1978년에도 미국자동차노동조합United Automobile Workers of America 위원장인 더글러스 프레이저Douglas Fraser는 "기업계가 노동계급을 상대로 일방적인 계급 전쟁을 벌이고 있다"는 사실을 개탄했다.[3] 공세는 90년대에도 계속되었고, 물론 조지 W.

3. 더글러스 프레이저가 노사위원회에 보낸 사직서, 1978년 7월 17일. 158쪽을 보라.

원리 8
하층민을
통제하라

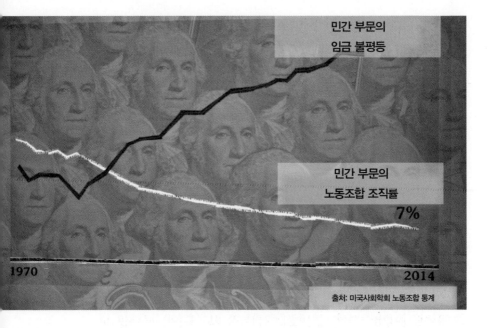

민간 부문의
임금 불평등

민간 부문의
노동조합 조직률

7%

1970

2014

출처: 미국사회학회 노동조합 통계

부시가 등장하면서 더욱 강화되었다. 오늘날에는 민간 부문 노동자 가운데 노동조합에 가입한 비율이 7퍼센트 이하인데, 이는 노동자들이 노동조합을 원하지 않아서가 아니라(여론조사에 따르면 노동자들은 압도적으로 노동조합 가입을 원한다) 가입할 수가 없기 때문이다.

몇 년 전, 그러니까 2011년에 우리는 위스콘신 주 매디슨과 다른 몇몇 주에서 대중의 노동조합 지지를 극적으로 보여주는 사례를 목격했다. 위스콘신의 스콧 워커Scott Walker 주지사와 초부유층인 그의 지지자 코크Koch 형제, 공화당 주의회는 마지막으로 남은 노동운동

불평등의
이유

세력을 정말로 죽여 버리려고 시도했지만, 대대적인 대중의 항의 시위에 맞닥뜨렸다. 매디슨에서는 매일같이 수만 명의 사람들이 거리로 나와 주의회 의사당을 '점거했다.' 그들은 엄청난 대중적 지지를 받았다. 여론조사에 따르면 주민의 절대 다수가 그들을 지지했다. 입법 시도를 물리칠 만큼 충분하지는 않았지만, 시위가 계속된다면 결국 동조적인 정부가 이 나라의 진짜 문제(금융기관들의 관심사가 아닌 문제)를 다루는 정책을 실행할 수도 있었다. 그러나 전후에 계급의식으로 똘똘 뭉친 우리의 기업가 계급이 퍼부은 공세로 그 공격에 맞서야 하는 대항 세력은 해체되고 말았다.

새로운 시대정신

만약 당신이 권력자의 자리에 있다면, 당신 세력의 계급의식은 유지하고 다른 모든 세력의 계급의식은 없애기를 원할 것이다. 미국 산업 혁명 초창기인 19세기로 거슬러 올라가면, 노동 대중은 이런 사실을 아주 잘 알았다. 그들은 대개 임금노동을 노예제와 별반 다를 바가 없는 것으로 간주했다. 차이가 있다면 **일시적**이라는 점뿐이었다. 실제로 이것은 워낙 대중적인 견해라 공화당의 구호가 될 정도였다. 북부 노동자들은 이런 사고로 무장한 채 남북전쟁에 참전했다. 그들은 남부의 재산 노예제chattel slavery와 북부의 임금 노예제wage slavery를 모조

151

리 뿌리 뽑기를 원했다. '노동 대중이 공장을 넘겨받아야 한다'는 것은 당시 발전하던 대규모 노동자 조직들이 내건 구호였다.

이런 사고는 미국 역사에서 한참 거슬러 올라가는데, 그 원천이 흥미롭다. 150년 전 산업혁명 초창기에는 무척 자유로운 언론이 존재했다. 예를 들어 노동자들은 주로 뉴잉글랜드 동부를 중심으로 공장과 다른 곳에서 자신들의 신문을 독자적으로 운영했다. 그 신문을 관통하던 몇 가지 일관된 주제가 있었다. 자유로운 미국인들을 노예 상대로 몰아넣는 산업 체제에 대한 신랄한 공격이었다. 임금노동은 노예제와 크게 다르지 않은 것으로 간주되었지만, 인상적인 주제는 이른바 "새로운 시대정신, 즉 자기 자신 빼고는 모두 무시하고 부를 쌓으라"는 좌우명에 대한 분노였다.[4] 19세기 중반의 일이었다. 다른 사람은 모조리 잊어버리고 부자가 되자! 이것이 150년 전의 '새로운 시대정신'이었다. 이에 대한 분노는 아주 날카로운 계급의식이었다. 권력과 특권을 도모하기 위해서는 이런 사고를 사람들의 머릿속에서 몰아내는 것이 좋다. 사람들이 자신이 억압받는 계급이라는 것을 알지 못하게 해야 한다. 지금 우리는 '계급'이 금기어가 된 세상에 산다. 그 말을 입에 담아서는 안 된다.

누구나 애덤 스미스의 《국부론》 도입부의 구절, 정육점 주인과 빵집 주인, 모든 사람이 함께 일하는 분업은 정말로 놀라운 것이라는 구절을 배웠을 것이다. 그러나 예컨대 450쪽에서 스미스가 분업을

불평등의
이유

4. 〈공장 팸플릿〉, 매사추세츠 주 로웰의 '여공들', 1845. 160쪽을 보라.

호되게 비난하는 구절을 공부한 사람은 많지 않다. 분업은 사람들을 최대한 어리석고 무지하게 만드는데, 지적 능력과 창의력을 계발하고 활용하는 것이 아니라 틀에 박힌 단순한 업무를 수행하게 만들기 때문이라는 것이다. 따라서 스미스는 모든 문명사회에서 정부가 이런 일이 벌어지지 않도록 개입해야 한다고 촉구했다.

우리는 인간이지 자동기계장치가 아니다. 일터에서 일을 하면서도 인간이기를 멈춰서는 안 된다. 이 말은 곧 인간이라는 것은 풍부한 문화 전통(우리 자신의 문화 전통만이 아니라 다른 수많은 문화 전통까지)의 혜택을 누리고, 기술만이 아니라 지혜까지 쌓는다는 것을 의미한다. 또한 자기 머리로 생각하고(창의적이고 독립적으로 생각하고 탐구하고 질문하고) 사회에 기여할 수 있다는 것을 의미한다. 그런 사고가 없으면 로봇으로 대체되어도 무방하다. 우리가 살 만한 사회를 만들고자 한다면 이런 사실을 무시해서는 안 된다.

발설하지 말아야 할 또 다른 단어는 '이윤'이다. 따라서 어떤 정치인이 '우리는 일자리를 만들어야 한다'고 말하는 것을 들었다면 잠시 생각을 해야 한다. 이 말은 거의 언제나 '우리는 이윤을 얻어야 한다'는 말로 번역된다. 그들은 일자리에 신경 쓰지 않는다. '우리는 일자리를 만들어야 한다'고 말하는 바로 그 사람들이 이윤이 늘어난다는 이유로 기꺼이 멕시코와 중국으로 일자리를 수출하고 있다. 그들이 정말로 원하는 것은 일자리가 아니라 이윤이기 때문이다. 언어 구사 체계 자체가 사람들로 하여금 실제로 벌어지는 현상을 보지 못하도록 하기 위해 전환되었다. 충분히 그럴 법한 일이고, 권력을 가진 사람들이 할 것이라고 예상되는 일이긴 하지만, 우리는 이 사실을 인식해야 한다.

계급 의식

사실 미국은 다른 산업 국가들에 비해 사회적 이동성이 낮지만, 만약 당신이 계급에 관해 이야기하기 시작한다면 사람들이 그에 관해 생각하게 될 것이다. 실제로 내가 아는 어떤 친구는 주립대학에서 역사학 입문 강좌를 가르치면서 수강 신청을 하는 학생들에게 출신 계급을 밝혀 달라고 요청하는데, 보통 두 가지 표준적인 답변을 받는다고 한다. 아버지가 감옥에 갇혀 있으면 하층계급이고, 아버지가 경비원이면 중간계급이라는 것이다. 그러니까 하층계급 아니면 중간계급이라는 두 가지 범주만 있는 것이다. 노동자들에 관해 말할 때 우리는 대개 그들을 중간계급이라고 이야기한다. 앞서 말했듯이, 그런 의미의(미국의 독특한 의미의) 중간계급은 현재 심각한 공격을 받고 있다.

따라서 미국은 사람들이 계급에 관해 이야기하지 않는 보기 드문 사회다. 언젠가 인구조사를 살펴보니, 사람들을 계급별로 분류해 놓지도 않았다. 실제로 계급 개념은 아주 단순한 것이다. 누가 지시를 내리고, 누가 따르는가? 기본적으로 이런 질문에 따라 계급이 규정된다. 다소 미묘한 차이가 있고 복잡하지만, 기본적으로는 이렇게 규정된다.

우리는 1930년대의 사람들과 유전적으로 다르지 않다. 당시에 해냈던 일은 지금도 할 수 있다. 그리고 당시에도 지금과 다르지 않은 시기(불평등이 아주 심각하고, 가혹하게 억압당하고, 노동운동이 파괴되는 시기), 오늘날보다 사회가 훨씬 더 가난하고 기회가 적은 시기를 거친 뒤에 그런 일이 이루어졌음을 기억하자. 우리는 똑같은 행동을 선택하고 현재의 상황을 그런 방향으로 돌릴 수 있다. 하지만 그러려면 우리가 행동해야 한다. 저절로 이루어지지는 않기 때문이다.

1

〈포드 인력, 루이스의 노동조합 조직자들 진압,
철강 파업에 8만 명 참여, 싸움 중에 16명 부상〉,
《뉴욕타임스》, 1937년 5월 26일

" 오늘날 미국자동차노동조합이 포드자동차 직원들을 조직화하려
한 첫 번째 시도는 노동조합 대표자들이 구타를 당하고 쫓겨난 폭력
사태로 점철되었다.

산업별노동조합위원회(1938년에 산업별노동조합회의로 이름을 바꾸었
다─옮긴이) 자동차 지부를 대표해서 조합원 가입 운동을 지휘하는
리처드 T. 프랭컨스틴Richard T. Frankensteen과 자동차노동조합 웨스트사
이드 지부 위원장인 월터 루서Walter Reuther는 디어본에 있는 포드 루
지 공장 4번 출입구에서 한 무리의 직원들에게 습격을 받았다. 노동
조합 전단지 배포를 감독하기 위해 동행했던 다른 둘과 함께 두 사람

은 여러 차례 주먹질과 발길질 세례를 받고 결국 출입구에서 쫓겨났다. 프랭컨스틴이 공격자들에 맞서 싸우려고 했지만 허사였다.

그 후 벌어진 싸움에서 직원들이 리플릿을 배포하러 온 노동조합 대표자들을 몰아냈고, 결국 추가로 여성 일곱 명을 포함해 12명이 부상을 당했다고 노동조합은 말했다.

프랭컨스틴은 "이제껏 내가 겪은 최악의 구타였다"고 말했다. "그들은 우리가 올라가 있던 육교 시멘트 계단 아래로 우리를 내몰았다. 그러고는 우리를 쓰러뜨렸다가 일으켜 세웠다가 다시 쓰러뜨리기를 반복했다."

프랭컨스틴과 루서는 다른 피해자들과 함께 병원에서 치료를 받았다.

2

해 리 트 루 먼 의 켄 터 키 주 루 이 빌 연 설 , 1 9 4 8 년 9 월 3 0 일

❝ 우리는 미국제조업협회가 어떻게 미국 소비자를 상대로 이런 음모를 조직했는지를 압니다. 협회 간부 중 한 명이 자신들이 한 일에 큰 자부심을 느낀 나머지 어느 인터뷰에서 이야기를 흘린 겁니다. 이 인터뷰는 가격 통제가 수포로 돌아간 뒤 공개되었습니다. 이제 이 이야기에 귀를 기울여 주십시오.

157

이 인터뷰에서 미국제조업협회 홍보부장은 자기 조직이 어떻게 1946년에 물가관리청Office of Price Administration, OPA을 무력화하기 위해 300만 달러를 썼는지를 털어놓았습니다. 미국제조업협회는 신문 광고에 150만 달러를 썼습니다. 협회는 자체 연사들을 파견해서 여성 클럽, 시민단체, 교사, 목사 1만 5000명, 농업 지도자 3만 5000명, 여성클럽 지도자 4만 명 등을 대상으로 1000여 회의 강연을 했습니다. 미국제조업협회의 선전이 담긴 한 장짜리 신문이 7500개 주간지와 2500명의 칼럼니스트와 논설위원에게 발송됐습니다.

미국 국민들을 오도하고 기만하기 위한 캠페인이 이보다 더 악의적으로 잘 조직된 적은 없었습니다.

3

더글러스 프레이저가 노사위원회에 보낸 사직서, 1978년 7월 17일

❝ 노사위원회 위원들께 드리는 글

(…) 저는 내키지 않지만 노사위원회에 더는 참여할 수 없다는 결론에 이르게 되었습니다. 따라서 7월 19일부로 노사위원회 위원직을 사임하고자 합니다. (…)

저는 이 회의에 참여하는 것이 저 자신에게나 미국자동차노동조합 위원장으로서 제가 대표하는 150만 노동자들에게나 유익하지 않다는 결론을 내렸습니다. 저는 기업계 지도자들이 거의 예외 없이 오늘날 이 나라에서 일방적인 계급 전쟁을 벌이는 쪽을 선택했다고 생각합니다. 우리 사회의 노동 대중, 실업자, 빈민, 소수자, 연소자와 노인, 그리고 심지어 다수의 중산층을 상대로 전쟁을 벌이는 겁니다. 미국의 산업, 상업, 금융 지도자들은 과거 성장과 진보의 시기 동안 존재했던, 문서화되지 않은 허약한 협약을 어기고 내팽개쳤습니다.

상당한 시간 동안 기업계와 노동계 지도자들은 노사위원회의 협상 테이블에 앉아서 서로의 차이를 인정하면서도 합의를 추구했습니다. 이런 체제가 작동한 것은 미국 기업계가 사유재산과 독립성, 자기규제를 강조하는 이른바 온화한 자본주의에 대한 전반적인 충성과 더불어 자유롭고 민주적인 정치에 대한 책임을 옹호하는 데 성공했기 때문입니다.

이 체제는 물론 우리 사회의 '못 가진 자'보다는 '가진 자'에게 유리하게 작용했습니다. 그렇지만 이 체제가 살아남을 수 있었던 한 가지 이유는 무언의 토대가 있었기 때문입니다. 즉 사회의 한 집단이 사정이 나빠지면 기업 엘리트들이 약간의 돈을 '내놓는다'는 겁니다. 정부나 이익집단이 그 집단을 위해 다소 상황을 개선해 줄 수 있게 말입니다. 그런 선물은 오로지 지속적인 투쟁이 벌어지고 나서야 나왔습니다. 1930년대에 노동운동이 벌인 투쟁이나 60년대의 민권운

원리 8
하층민을
통제하라

동이 벌인 투쟁처럼 말이지요. (…)

최근 우리 노사 관계가 와해된 것 역시 아마 가장 심각한 사태일 겁니다. 기업계가 노동법 개정안에 맞서 벌인 싸움은 지난 30여 년 동안 노동운동에 가해진 가장 악의적이고 부당한 공격입니다. (…) 노동법 개정 자체로는 단 한 명의 노동자도 조직되지 않았을 겁니다. 그보다 이렇게 법이 개정되면 일부 악덕 고용주들이 지연 작전을 쓰고 기존 노동법을 노골적으로 위반하면서 노동자들이 민주적인 선거로 노동조합을 선출하는 것을 막을 능력이 제한되기 시작했을 겁니다. (…)

애국심도 도덕심도 없이 오로지 이기심만 가득한 다국적기업이 부상함에 따라 책임성이 거의 존재하지 않게 되었습니다. 사실상 모든 수준에서 기업이 유순한 정부와 아무 제한 없는 기업 개인주의를 요구하는 게 빤히 보입니다. 전에는 산업계가 말 잘 듣는 노동조합을 갈망했다면, 지금은 아예 노동조합이 사라지기를 원합니다.

4
───────

〈공장 팸플릿〉, 매사추세츠 주 로웰의 '여공들', 1845

❝ 당신이 만든 제품을 팔 때는 당신 자신은 그대로 있습니다. 그런데 당신의 노동력을 팔 때는 당신 자신을 파는 것이라 자유로운 인

간의 권리를 상실하고 부자 귀족들이 다스리는 거대한 체제의 노예로 전락합니다. 이 귀족들은 노예를 부리고 억압할 수 있는 자신들의 권리에 의문을 제기하는 자는 누구든 절멸시켜 버리겠다고 위협합니다. 공장에서 일하는 사람들은 권리를 가져야 하며, 새로운 상업적 봉건제에서 자유와 권리, 문명과 건강, 도덕과 지성을 밑바닥으로 내몰면서 민주주의의 토양 위에 군주제의 원리를 확립하고 있는 사적인 전제군주들에게 지배당하는 기계의 신분으로 전락해서는 안 됩니다.

동의를
조작하라

NOAM CHOMSKY

Requiem for the American Dream

동의를 조작하라

위대한 철학자이자 정치철학자인 데이비드 흄David Hume은 정부의 본성에 관한 근대 최초의 주요한 연구로 손꼽히는 글을 썼다. 흄은 이른바 '정부 이론의 기초'에 관해 썼는데, 그는 (봉건적이든 군국주의적이든) 그 유형이 어떻든 간에 모든 나라에서는 "힘이 피통치자들의 수중에 있다"는 것을 지적했다. 피통치자들이 한데 뭉치면 권력을 잡을 수 있다. 피통치자들이 자신들에게 힘이 없다고 느끼게 만들 수 있는 한, 권력자들이 지배할 수 있다.[1] 그러나 만약 피통치자들이 자신들에게 정말로 힘이 **있다**는 사실을 이해하게 된다면, 억압적인 정

1.《도덕, 정치, 문예 에세이》, 데이비드 흄, 1741, 174쪽을 보라.

부나 권위주의적인 정부나 무너질 것이다. 거대한 홍보 산업이 존재하는 것은 바로 이런 이유 때문이다.

홍보 산업의 부상

홍보 산업은 자유롭기로 손꼽히는 나라인 영국과 미국에서 발전한 현상인데, 그 이유는 아주 분명하다. 한 세기 전, 국민을 무력으로 통제하기가 그렇게 쉽지 않을 것이라는 점이 분명해졌다. 노동자들이 조직화되고, 여러 나라에서 노동당이 의회에 진출하고, 여성들이 참정권을 얻기 시작하면서 이미 너무 많은 자유가 획득된 상태였다. 마치 1960년대처럼 민주주의의 위험성이 대두되었고, 그에 대한 반발도 비슷했다. 결정적으로 중요한 반발 중 하나는 홍보 산업의 부상이었다.

홍보 분야의 으뜸가는 지식인이자 정신적 스승인 에드워드 버네이스Edward Bernays는 윌슨/루스벨트/케네디 유형의 진보주의자로서 이른바 정치 스펙트럼의 왼쪽 끝에서 발언하는 인물이었다. 버네이스는 《프로파간다Propaganda》(당시에는 '프로파간다'라는 표현을 솔직하게 썼다)라는 책을 썼다.[2] 이제 막 부상하는 홍보 산업에 이론적 지침을 주는 일종의 매뉴얼이었다. 버네이스는 매디슨적 용어를 써가며 목적을 설명했다. 이 나라는 '지적인 소수'에 의해 관리되어야 한다는 것이었다. 물론 그가 말한 지적인 소수는 **우리**이며, 이런 생각을 옹호하

2. 《프로파간다》, 에드워드 버네이스, 1928. 175쪽을 보라.

는 사람은 누구나 그 일부다. 따라서 지적인 소수는 일반 국민을 위해 나라를 운영해야 한다. 일반 국민이 결정을 내리게 내버려 두어선 안 된다. 그들은 끔찍한 결정을 내리기 때문이다. '우리'가 이렇게 하는 방법 중 하나는 버네이스의 표현을 빌리면 "동의를 조작하는 것engineering of consent"이다. 일반 국민은 너무 멍청해서 이해하지 못하기 때문에 '우리'가 결정을 하고 일반 국민의 동의를 조작해야 하며, 바로 이것이 홍보 산업이 추구하는 목표다.

20세기의 주요한 진보 지식인인 월터 리프먼Walter Lippmann 같은 이들의 사고에서도 이런 교의가 발견된다. 리프먼은 민주주의에 관한 유명한 진보적 에세이를 여러 편 썼는데, 그의 견해는 정확히 이런 것이었다. "대중은 자기 자리를 지켜야 한다." 그래야 책임 있는 인사들이 "갈피를 못 잡는 무리"에게 간섭당하지 않은 채 결정을 내릴 수 있기 때문이다.

소 비 자 를 조 작 하 라

신념과 태도를 통해 사람들을 통제해야 한다는 사실이 분명해졌다. 태도의 측면에서 사람들을 통제하는 최선의 방법은 위대한 정치경제학자 소스타인 베블런Thorstein Veblen이 말하는 '소비자 조작'이다. 욕구를 조작할 수 있다면, 즉 손 닿는 곳에 있는 물건을 획득하는 것을 삶의 본질로 만들 수 있다면, 사람들은 소비자라는 존재의 덫에 빠질 것이다. 1920년대의 경제 언론을 읽어 보면, 사람들을 '유행의 소비' 같은 피상적인 삶의 물건들로 인도할 필요성에 관해 이야기한다. 그렇게 하면 사람들이 방해되는 일이 없다는 것이다.

실제로 버네이스가 생전에 이룩한 주된 업적을 자세히 들여다볼 필요가 있다. 그중 첫 번째는 여자들에게 담배를 피우게 한 것이다. 그 시절에는 여자들이 담배를 피우지 않았는데, 버네이스는 흡연이 요즘 말로 하면 '쿨하다'고 여자들을 설득하기 위한 홍보 캠페인을 대대적으로 조직했다.[3] 내 기억으로는 1930년 무렵에 체스터필드 담배가 벌인 캠페인이 대표적인 사례다. 해방된 여성이라면 담배 정도는 피워야 한다는 식이었는데, 이 캠페인이 거둔 성공으로 얼마나 많은 사람이 목숨을 잃었는지는 아무도 계산할 수 없다. (버네이스가 거둔 또 다른 주요한 성공은 1950년대에 유나이티드프루트컴퍼니를 위해 한 일이다. 당시 그는 이 회사가 과테말라 경제와 사회를 통제하는 것을 위협하는 민주 정부를 전복하도록 미국 국민을 설득했고, 이 사건은 50년이 넘는 공포와 잔학 행위로 이어졌다.)

바로 이런 엘리트적 개념들이 역사를 관통해 이어진다. 홍보 산업은 이런 목표(소비자를 조작하고, 사람들을 소비주의의 덫에 빠뜨린다는 목표)와 함께 폭발적으로 성장했고, 그 과정은 대단히 정교하게 이루어졌다. 그들이 추구하는 이상은 오늘날 실제로 현실에서 목격된다. 예

3. 〈사회적 금기에서 '자유의 횃불'로: 여성을 겨냥한 담배 마케팅〉, 어맨다 에이머스·마가레타 하글런드, 2000. 176쪽을 보라.

컨대, 10대 여자아이들은 토요일 오후에 자유 시간이 생기면 쇼핑몰에 가지 도서관 같은 곳에 가지는 않는다. 아이들은 '전자기기를 하나 더 사지 않으면 내 인생에 아무것도 성취한 게 없다'고 느낀다.

요지는 **모든 사람**을 통제하여 사회 전체를 완벽한 체제로 전환한다는 것이다. 완벽한 체제는 **한 쌍**dyad에 기반을 두는 사회가 될 것이다. 당신과 텔레비전, 아니 지금은 당신과 아이폰과 인터넷이 한 쌍이나. 그런 것들이 제대로 된 삶(가져야 하는 기기, 건강을 위해 해야 하는 일)을 당신에게 선사하기 때문이다. 그러니까 당신은 필요하지 않거나 원하지 않지만(어쩌면 나중에 던져 버릴지도 모르지만), 버젓한 삶의 척도인 그런 것들을 얻으려고 시간과 노력을 기울인다.

비합리적 선택

경제학 수업을 들은 적이 있다면, 시장은 원래 정보와 지식을 가지고 합리적 선택을 하는 소비자들에 근거한다고 배웠을 것이다. 현실이 그렇지 않다는 것은 굳이 말할 필요도 없다. 만약 광고업자들이 시장 원리에 따라 산다면, 예컨대 GM 같은 기업이 자사 제품과 그 특성에 관해 간략하게 소개하고 《컨슈머리포트Consumer Reports》가 논평을 하면 우리가 그 제품에 관해 판단을 내릴 수 있다.

그렇지만 자동차 광고는 그런 것이 아니다. 자동차 광고는 풋볼 스타와 여배우와 자동차가 등장해서 굉음을 내며 산을 올라가거나 하는 말도 안 되는 내용으로 짜여진다. 텔레비전을 틀기만 하면 **정보와 지식이 없는** 소비자가 **비합리적인 선택**을 하게 만들기 위해 수억 달러를 쏟아붓고 있다는 사실을 쉽게 알 수 있다. 광고란 그런 것이다.

몇 년 전 광고 산업은 자신들이 손을 뻗치지 못한 인구 집단이 존재한다는 사실을 깨달았다. 바로 어린이들이었다. 어린이는 돈이 없기 때문에 과거에는 광고 업계가 어린이를 대상으로 삼지 않았다. 그런데 그것이 잘못된 생각이었음이 드러났다.[4] 어린이는 돈이 없지만 부모는 돈이 있다. 그리하여 광고 산업에서 새로운 무언가가 개발되었다. '조르기의 심리학psychology of nagging'이라는 이름이 붙었는데, 그에 따라 오늘날 학계의 응용심리학과에서는 다양한 종류의 조르기를 연구한다. 광고업자가 아이들이 어떤 물건을 사달라고 조르기를 원한다면, 특정한 방식으로 광고를 하면 된다. 아이들이 또 다른 물건을 사달라고 조르기를 원한다면, 다른 방식으로 광고를 하면 된다. 부모들은 이미 직접 보고 있기 때문에 이런 일에 익숙하다. 내 손자들이 두 살 정도일 때 같이 텔레비전을 보았는데, 아이들이 광고에 흠뻑 빠졌다. 결국 부모가 광고에 나오는 것을 사줘야 했다. 어린 시절부터 시작되기 때문에 분명하게 눈에 보인다. 실제로 아동기부터 자라서 성인이 될 때까지 광고가 미치는 효과에 관한 훌륭한 연구가 많이 있다. 광고는 사람들을 덫에 빠뜨리는 하나의 형식이다.

4. 《패스트푸드의 제국: 미국 음식의 어두운 면》, 에릭 슐로서, 2001. 177쪽을 보라.

사람들을 덫에 빠뜨리는 아주 중요한 또 다른 형식은 빚이다. 빚은 미국에서 발명된 것이 아니고, 그 역사도 흥미롭다. 1830년대로 거슬러 올라가면, 당시 영국은 식민지에서 노예제를 포기하고 있었는데 한 가지 문제가 있었다. 노예들이 자유를 얻으면 어떻게 해야 하나? 노예들이 플랜테이션 농장에서 계속 일하게 만들려면 어떻게 해야 하나?[5] 어쨌든 어디에나 땅은 널려 있으니, 노예들이 그곳을 떠나 자기 땅뙈기를 갖고 행복하게 살 수 있다. 그러자 영국인들은 오늘날 우리가 사람들을 소비주의의 덫에 빠뜨리는 것과 똑같은 방법을 생각해 냈다. 선전과 광고를 물량 공세로 퍼부어서 해방된 노예들이 이 상품을 가져야 한다고 느끼게 만들면 되었다. 해방된 노예들은 회사 상점에 가서 상품을 사면서 빚을 졌고, 결국 얼마 지나지 않아서 덫에 빠졌다. 노예 경제가 다시 세워진 것이다.

선거의 기반을 무너뜨려라

똑같은 기관들(홍보 시스템)이 선거를 운영하면 동일한 방식이 적용된다. 이 기관들은 지식과 정보가 없는 유권자, 다시 말해 때때로 자신의 이익에 거스르는 비합리적 선택을 하는 유권자를 창조하기를 원한다.

민주주의는 원래 정보와 지식을 가지고 합리적인 결정을 내리는

5. 《자유로운 노동의 두 배: 뉴사우스 죄수 노동의 정치경제학》, 앨릭스 릭턴 스타인, 1996. 179쪽을 보라.

시민들을 기반으로 하는 것이다. 그러나 홍보 산업이 운영하는 캠페인 때문에 우리는 모두 현혹과 환상, 유명인에 대한 선망 따위만을 얻게 된다. 실제 쟁점을 멀리하라! 그런데 실제 쟁점을 멀리해야 하는 이유는 분명하다. 실제 쟁점을 들여다보면, 공공 정책과 여론이 크게 갈리기 때문이다. 따라서 국민들로 하여금 사소하고 주변적인 문제에 관심을 갖게 만들면, 시장을 훼손하는 것과 같은 방식으로 민주주의를 훼손할 수 있다. 또한 사람들을 주변화·원자화하는 한편, 자유롭고 활력이 넘치는 민주 사회에서 제 역할을 하는 국민으로서 그들에게 중요한 문제에서 벗어나 단순히 엘리트 집단을 위해 일하는 쪽으로 사람들의 태도와 관심을 돌린다는 전반적인 목적에 기여할 수 있다.

국민은 참여자가 아니라 구경꾼이 되어야 한다. 그러면 매디슨에서부터 《파월 메모》 등으로까지 거슬러 올라가는 '제대로 작동하는 민주주의'가 만들어진다. 이처럼 호화로운 쇼가 벌어질 때마다 똑같은 모습이 보인다.

후보자를 선전하라

선거 직후에 오바마 대통령은 광고 업계에서 2008년 최고의 마케팅 캠페인 상을 받았다.[6] 미국에서는 이 사실이 보도되지 않았지만, 국

6. 〈오바마 승리! …… 애드에이지의 올해의 마케터〉, 《애드버타이징에이지》, 매슈 크리머, 2008년 10월 17일. 180쪽을 보라.

원리 9
동의를
조작하라

제 경제 언론을 들여다보면 경영자들은 행복감에 젖어 있었다. "우리는 레이건 시절 이래로 선거 후보자를 마치 치약처럼 선전하고 마케팅했는데, 이것이야말로 우리가 이룬 가장 위대한 업적이다."

나는 보통 세라 페일린Sarah Palin과 의견이 일치하는 경우가 없지만, 그녀가 이른바 '오바마식의 겉만 번지르르한 희망과 변화hopey changey stuff'를 조롱할 때면 어쩔 수 없이 동의하게 된다. 무엇보다도 오바마는 사실 어떤 약속도 하지 않았다. 대개가 실체가 없는 환상이다. 선거운동 당시 오바마가 구사한 언어를 들여다보자. 정책 문제에 관한 논의는 거의 없는데, 그럴 만한 이유가 있다. 정책에 관한 여론은 양당 지도부와 재정 지원자들이 원하는 것과는 아주 동떨어져 있기 때문이다. 정책은 갈수록 점점 선거운동에 자금을 대주는 사적 이익집단에 초점이 맞춰진다. 결국 대중은 주변으로 밀려나고 만다.

외부에서 부과되는 인위적 욕구를 충족하는 데 집중하는 개인, 정보와 지식이 없이 비합리적 결정을 내리는 개인을 창조하기 위해 1년에 수억 달러를 들이는 광고 산업에 관해 생각해 보면, 그들이 여기에 막대한 자금을 지출하는 이유는 원래 사람들이 합리적이라고 생각하기 때문이다. 그렇지 않고서는 굳이 그런 돈을 들일 필요가 없다. 그들은 사람들을 비합리적인 존재로 바꾸기 위해 막대한 노력을 기울이는 것이다. 내가 보기에도 그들이 맞는다. 그들이 자기네 돈을 헛되이 낭비하는 것은 아니다. 그렇게 돈을 쓰지 않으면, 사람들이 합리적인 결정을 내릴 테니 말이다. 여기서 합리적 결정이란 사실상 부당한 권위와 위계적 제도를 해체하는 일이 될 것이다.

1

《도덕, 정치, 문예 에세이》, 데이비드 흄, 1741

" 철학의 눈으로 인간사를 고찰하는 사람들이 보기에, 다수가 소수에게 그렇게 쉽게 지배되고, 사람들이 자기 감정과 정념을 지배자의 감정과 정념에 내주면서 암묵적으로 복종하는 것보다 더 놀라운 사실은 없다. 이런 불가사의한 일이 어떻게 일어나는지를 탐구해 보면, 언제나 피지배자들 쪽에 **힘**이 있기 때문에 지배자들은 여론 말고는 자신을 뒷받침할 게 아무것도 없음을 알게 된다. 그러므로 그런 지배는 오로지 여론에 근거를 둘 뿐이다. 이런 격언은 가장 자유롭고 대중적인 정부뿐 아니라 가장 전제적이고 군사적인 정부에까지 확대된다. 이집트의 술탄이나 로마의 황제는 무해한 신민들을, 마치 잔인한 맹수라도 다루듯이 그들의 감정과 성향에 반대되는 쪽으로 몰아댈지 모른다. 그러나 술탄이나 황제는, 적어도 **맘루크 용병대**나 **근위병단**

은 사람을 다루듯이 그들의 여론에 따라 이끌었을 게 분명하다.

2

《프로파간다》, 에드워드 버네이스, 1928

" 대중의 조직화된 습관과 견해를 의식적이고 지능적으로 조작하는 것은 민주주의 사회에서 중요한 요소다. 이런 보이지 않는 사회의 메커니즘을 조작하는 이들이 구성하는 감춰진 정부야말로 우리 나라의 진정한 지배 권력이다.

우리는 전혀 들어 본 적이 없는 사람들에 의해 지배받고, 우리의 정신이 주조되며, 취향이 형성되고, 생각이 암시된다. 이것이 우리의 민주 사회가 조직되는 방식의 논리적 귀결이다. 절대다수의 인간이 순조롭게 기능하는 사회를 이루며 함께 살기 위해서는 이 방식에 협력해야 한다. (…)

그들은 타고난 지도자의 자질, 필요한 생각을 공급할 수 있는 능력, 사회 구조에서 차지하는 핵심적인 지위로 우리를 지배한다. 이런 상황에 대해 어떤 태도를 취하든 간에 정치 영역이나 사업 영역에서, 사회적 행위나 윤리적 사고에서, 즉 일상생활의 거의 모든 행동에서 여전히 우리는 대중의 정신 과정과 사회적 양상을 이해하는 상대적으로 소수의 사람들(1억 2000만 명 중 극소수에 불과한 일부)에게 지배된다. 대중의 사고를 통제하는 줄을 잡아당기고, 낡은 사회 세력을 활용하고, 세계를 하나로 묶어서 인도하는 새로운 방법을 고안하는 것은 바로 그들이다. (…)

우리 정부는 대중을 통제하고 인도하는 법을 아는 지적인 소수에 의해 꿘리되는 리더십 민주주의여야 한다.

이것은 선전에 의한 정부인가? 원한다면 교육에 의한 정부라고 부르자. 그러나 학문적 의미의 교육이라는 단어는 충분하지 않다. 그것은 상황을 창조하고, 의미심장한 사건을 강조하고, 중요한 쟁점을 극적으로 부각하는 방식으로 이루어지는 계몽된 전문가의 선전이어야 한다. 그리하여 미래의 정치인은 정책의 중요한 지점에 대중의 사고를 집중시키고, 거대한 이질적 유권자 대중이 분명한 이해와 지적인 행동으로 나아가도록 통제할 수 있으리라.

3

〈사회적 금기에서 '자유의 횃불'로: 여성을 겨냥한 담배 마케팅〉, 어맨다 에이머스·마가레타 하글런드, 2000

> 담배 회사들이 1920년대와 30년대에 이 기회를 틈타 여성들을 담배 시장에 끌어들이기 위해 해방과 권력, 그 밖에 여성들에게 중요한 가치라는 개념을 활용하지 않았다면 과연 여성들 사이에서 그만

큼 흡연이 대중화되었을지는 의심스럽다. 특히 담배 회사들은 여성의 흡연이 선정적이고 평판이 나쁜 행동이나 품행과 연관되는 것을 피하기 위해 새로운 사회적 이미지와 의미를 개발할 필요가 있었다. 흡연은 고상한 취미일 뿐 아니라 사교적이고 유행에 민감하며 멋지고 여성적인 취미로 재정립되어야 했다. 시장의 잠재력을 두 배로 키우는 것이 목표였다. 1928년 아메리칸토바코 회장 힐 씨가 설명했듯이, "그것은 우리 앞마당에서 새로운 금광을 캐는 일이 될 것이다."

4

《패스트푸드의 제국: 미국적인 음식의 어두운 면》,
에릭 슐로서, 2001

❝ 어린이 대상 광고는 1980년대에 들어 폭발적으로 증가했다. 아이들과 함께 있지 못해 죄책감을 느끼는 맞벌이 부부들은 자식을 위해 더 많은 돈을 지출하기 시작했다. 한 마케팅 전문가는 80년대를 '아동 소비자의 시대'라고 불렀다. 오랫동안 아이들을 무시해 왔던 대형 광고회사들이 어린이의 행동을 연구하고 추적하기 시작했다. 오늘날 대부분의 대형 광고대행사에는 아동 전담 부서가 따로 있으며, 어린이 대상 마케팅을 전문으로 하는 회사도 많이 등장했다. 이런 회사들은 스몰톡Small Talk, 키드커넥션Kid Connection, 키드투키드Kid2Kid, 제

페토 그룹Geppetto Group, 저스트키즈Just Kids, Inc. 같은 부드러운 어감의 회사명을 내걸고 있다. 적어도 세 종류의 정기간행물(《유스마켓얼러트Youth Market Alert》,《셀링투키즈Selling to Kids》,《아동 마케팅 리포트Marketing to Kids Report》)이 아동 관련 최신 광고 캠페인과 시장조사 기법을 다루고 있다. 어린이 대상 광고가 성장하는 원동력은 현재의 소비뿐 아니라 미래의 소비까지 증대하려는 노력이다. 어린 시절에 대한 향수가 그들을 평생 고객으로 만들어 줄 것이라고 기대하는 많은 기업은 '요람에서 무덤까지'라는 광고 전략을 수립하고 있다. 기업들은 오래전 레이 크록Ray Kroc과 월트 디즈니Walt Disney가 깨달은 사실, 즉 한 제품에 대한 '브랜드 충성심'은 두 살 무렵부터 형성된다는 사실을 이제야 믿게 되었다. 실제로 마케팅 조사를 통해 아이들이 종종 자기 이름보다 특정 상표의 로고를 먼저 인식한다는 사실이 밝혀졌다. (…)

　　오늘날 어린이를 대상으로 하는 광고는 대부분 직접적인 목표를 강조한다. 한 마케팅 전문가는 《셀링투키즈》에 기고한 글에서 이렇게 설명했다. "단지 아이들이 울먹이며 장난감을 사달라고 보채게 만드는 것이 아니라 왜 그것을 사야 하는지 부모에게 이유를 설명할 수 있게 해야 한다." 오래전 사회학자 밴스 패커드Vance Packard는 아이들이 자기가 갖고 싶은 물건을 사기 위해 다른 사람(대부분 부모들이다)을 설득하는 '대리 판매원'이라고 표현한 적이 있다. 현대의 마케팅 전문가들은 자신들이 주요 대상으로 삼는 어린이의 기대 반응을 설명하기 위해 조금 다른 용어를 사용한다. 아이들은 '지렛대 효과', '옆구리 찌르기', '성가시게 굴기' 등의 방법을 사용해 부모의 구매를 유도한다는 것이다. 결국 아동 대상 광고의 목표는 분명하다. 아이들이 자기 부모를 아주 귀찮게 하는 것, 그것도 매우 효과적으로.

5

《자유로운 노동의 두 배: 뉴사우스 죄수 노동의 정치경제학》, 앨릭스 릭턴스타인, 1996

" 19세기 세계의 곳곳에 있던 여느 플랜테이션 사회와 마찬가지로, 노예제 폐지와 자유로운 노동관계의 도전은 지주계급에게 농업 노동에 대한 새로운 형태의 통제를 추구하게 부추겼다. 해방 이후 사회는 어느 곳에서나 노예 출신이 토지를 소유하고 자급자족을 할 가능성과 임금노동에 의존할 가능성 사이의 균형에 따라 이런 노동 통제가 얼마나 엄격한지가 결정되었다. 미국 남부에서는 현금 소작농에서 정률 소작농sharecropper(농장주와 고용주-노동자 관계를 맺은 무산자 계층을 말한다. 토지와 현금이 전혀 없었기 때문에 농장주 밑에서 일하면서 토지, 농기구, 가축, 비료 등의 임대 비용으로 수확량의 일정한 비율을 지주에게 바쳤다. 노예해방으로 노예 노동력을 잃은 농장주와 해방되긴 했지만 먹고살 자원이 전혀 없던 흑인들 모두에게 필요한 제도로 여겨졌으나 사실상 노예 생

활이나 다름없었다. 돈을 모아서 현금 소작농tenant farmer이나 자작농으로 상
승하는 경우는 거의 없었다 ─ 옮긴이), 채무 노예에 이르기까지 전방위적
인 노동관계를 통해 농장주들이 노예 출신들을 사실상 농촌 프롤레
타리아로 변형시켰다. 이런 노동 체제는 필연적으로 백인 우월주의가
유지되는 정치적 결과를 낳았다.

6

〈오바마 승리! …… 애드에이지의 올해의 마케터〉,
《애드버타이징에이지》, 매슈 크리머, 2008년 10월 17일

66 버락 오바마 상원의원은 풀뿌리 호소와 대규모 언론 홍보를 결합
한 선거운동으로 미국 유권자들의 마음을 바꿔 놓았음을 보여주기
불과 몇 주 전에 이미 미국의 브랜드 창조자들의 마음을 사로잡았음
을 보여준 바 있다. 오바마는 《애드버타이징에이지》의 2008년 올해
의 마케터로 선정되었다.

오바마는 여기 전국광고인협회Association of National Advertisers 연례회의
에 모인 마케터, 광고 대행사 대표, 마케팅 서비스 업자 수백 명의 표
를 얻었다. (…) 로데일의 마케팅 솔루션 담당 부회장 앵거스 매콜리
Angus Macaulay는 이렇게 말했다. "솔직히, 나는 오바마의 선거운동을
보면서 우리 모든 마케터들이 배울 수 있는 게 있다고 봅니다."

국민을
주변화하라

NOAM CHOMSKY

Requiem for the American Dream

원리 10

국민을 주변화하라

으뜸가는 정치학자로 손꼽히는 마틴 길런스Martin Gilens는 여론조사를 바탕으로 대중의 태도와 공공 정책의 관계에 관해 중요한 연구를 여러 차례 수행한 바 있다. 이것은 연구하기에 아주 간단한 문제다. 정책은 눈에 빤히 보이고, 여론은 광범위한 여론조사를 통해 알 수 있기 때문이다. 또 다른 훌륭한 정치학자 벤저민 I. 페이지Benjamin I. Page 와 함께 수행한 연구에서 길런스는 약 1700개의 정책 결정을 골라내서 그것을 대중의 태도 및 기업의 이익과 비교했다.[1] 확신하건대, 두 사람이 보여주는 결과는 정책은 대중의 태도와 상관관계가 없고, 오

---

1. 〈미국 정치 이론 검증: 엘리트, 이익집단, 보통 시민〉, 마틴 길런스·벤저민 I. 페이지, 2014. 197쪽을 보라.

히려 기업의 이익과 밀접한 상관관계가 있다는 것이다. 다른 글에서 길런스는 전체 국민의 약 70퍼센트가 정책에 전혀 영향을 미치지 못한다는 사실을 보여주었다. 다른 나라의 경우도 사정은 마찬가지일 것이다. 그리고 소득과 재산이 상향 이동함에 따라 공공 정책에 미치는 영향력이 커진다. 그러니까 부자들은 사실상 자신이 원하는 것을 얻는다.

여론조사 자료가 자세히 구분되지 않아서 길런스는 상위 10퍼센트 이상을 살펴보지 못한다. 그런데 진정한 부의 집중은 1퍼센트에 해당하는 소수에서 이뤄지기 때문에 이 자료만으로는 오해의 여지가 있다. 하지만 이 연구를 거기까지 끌어올리면 어떤 결과를 얻게 될지는 아주 분명하다. 최상위 부유층은 원하는 바를 고스란히 얻는다. 기본적으로 그들이 정책의 장을 운영하기 때문이다.

정책이 대중의 이익과 부합하지 않는다는 사실은 크게 놀랄 일이 아니다. 오랫동안 계속 그러했기 때문이다. 정부 정책은 국가권력과 사회 내의 지배적 요소들의 권력을 실행하기 위해 고안된다. 여기서 지배적 요소들이란 주로 기업 부문을 의미한다. 전체 국민의 복지는 부차적인 것이며, 종종 전혀 관심의 대상이 되지 못한다. 그리고 국민도 그런 사실을 안다. 제도적 기관, 모든 기관에 대한 반감이 이렇게 엄청난 것은 그런 이유 때문이다. 따라서 의회에 대한 지지는 종종 한 자릿수에 머물고, 대통령은 혐오의 대상이 되며, 기업과 은행은 증

원리 10
국민을
주변화하라

오의 대상이 된다. 이런 반감은 모든 기관으로 확대된다. 심지어 과학도 혐오된다. '왜 우리가 과학을 믿어야 하나?'

초점이 맞지 않는 분노

대중의 결집과 행동이 존재하지만 대단히 자기파괴적인 방향을 향한다. 그것은 혐오, 타인과 취약한 대상에 대한 공격 등 초점이 맞지 않는 분노의 형태를 띠고 있다. 사람들이 자신의 이익에 거스르는 방향으로, **말 그대로** 자기 이익에 반하는 방향으로 결집되는 것은 정말로 비합리적인 태도다. 사람들은 그들 자신에게 최대한 피해를 주는 것을 목표로 삼는 정치인을 지지한다. 바로 우리 눈앞에서 이런 현상이 목격된다. 텔레비전과 인터넷을 보면 매일같이 이런 모습이 눈에 들어온다. 그것은 사회적 관계를 잠식하는데, **그들이 노리는 것이 바로 이것이다.** 중요한 것은 사람들이 서로를 증오하고 두려워하며, 오직 자기 자신만을 살피고, 다른 사람을 위해서는 아무 것도 하지 않게 만드는 일이다.

도널드 트럼프를 예로 들어 보자. 여러 해 동안 나는 글과 강연을 통해 미국에서 솔직하고 카리스마적인 이데올로그가 등장할 위험성이 있다고 경고했다. 사회의 다수를 이루는 사람들 사이에서 오랫동안 끓어오른 공포와 분노를 악용하고, 불안감을 조성하는 실제 행위

불평등의
이유

자들이 아니라 취약한 공격 대상으로 공포와 분노의 화살을 돌릴 수 있는 인물에 대해 경고한 것이다. 이런 위험성은 오래전부터 실재했으며, 트럼프 자신이 솔직한 이데올로그의 이미지에 딱 들어맞지는 않는다 할지라도 그가 일정한 세력을 풀어놓았다는 의미에서 보면 더욱더 현실적이었다. 트럼프는 **자기 자신**과 **자기** 친구들을 제외하고는 어떤 이데올로기도 거의 갖고 있는 것 같지 않다.

트럼프는 세상만사에 분노하는 사람들에게서 엄청난 지지를 얻었다. 그가 아무나 들먹이면서 추잡한 발언을 할 때마다 인기가 올라간다. 그의 인기는 혐오와 공포에 바탕을 두기 때문이다. 여기서 보이는 현상은 '분노의 일반화'다. 대부분 백인에 노동계급, 하층 중간 계급인 사람들은 신자유주의 시기를 거치면서 낙오자 신세가 되었다. 그들은 한 세대에 걸쳐 스태그네이션과 쇠퇴를 겪으며 살았다. 그리고 민주주의의 작동도 쇠퇴했다. 그들이 직접 뽑은 대표자들조차 그들의 이해와 관심을 거의 대변하지 않는다. 그들은 모든 것을 빼앗겼다. 경제성장도 그들을 위한 것이 아니라 다른 사람들을 위한 것이다. 제도적 기관 전체가 그들의 반대편에 있다. 그러니까 그들은 기관, 특히 의회를 심각하게 경멸한다. 그리고 '일반화된 타자'가 자신들에게서 국가를 빼앗아 가기 때문에 국가를 잃어버리고 있다고 깊이 우려한다. 이런 식으로 훨씬 더 취약하고 억압받는 이들을 희생양으로 삼고, 또 동시에 '자유주의 엘리트들'이 그들을 어여삐 여긴다고 환상을 품는 것은 너무도 익숙하며, 그에 따른 쓰라린 결과도 역시 익숙하다. 진정한 공포와 우려는 진지하고 건설적인 정책을 통해서만 다룰 수 있다는 점을 유념해야 한다. 트럼프 지지자의 상당수는 2008년에 '희망과 변화'의 메시지를 믿으면서 오바마에게 표를 던졌다. 그런데 희망이나 변화를 발견하지 못했고, 이제 환멸을 느끼면서 다른 종류의 희망과 변화를 약속하는 사기꾼에게 넘어간다. 이번에도 환상이 깨지는 순간 아주 추악한 반동으로 이어질 수 있다. 그러나 정말로 희망을 불어넣고 시급하게 필요한 변화를 가져오겠다고 진지하게 약속하는 현실적이고 의미 있는 프로그램이 존재한다면, 훨씬 더 희망적인 결과가 생길 것이다. 그렇지만 여태까지 나타나는 반응은 모든 것에 대한 일반화된 분노다.

이런 사실을 인상적으로 볼 수 있는 지점이 4월 15일이다. 4월 15일, 즉 세금을 내는 날은 이 사회가 얼마나 민주적인지를 보여주는 척도다. 어떤 사회가 정말로 민주적이라면, 4월 15일은 축하하는 날이 되어야 마땅하다. 국민들이 한데 모여 자신들이 정식화하고 동의한 프로그램과 활동에 예산을 할당할지 여부를 결정하는 날이기 때문이다. 이보다 더 좋을 수 있을까? 축하해야 마땅한 날이다.

그런데 미국에서는 그렇지 않다. 이날은 애도의 날이다. 당신과 아무 상관이 없는 어떤 낯선 권력이 몰려와서 당신이 열심히 번 돈을 훔쳐 가는 날인 것이다. 그러니까 돈을 훔쳐가지 못하게 무슨 짓이든

해야 한다. 이런 현실은 적어도 국민의 의식 속에서 민주주의가 실제로 어느 정도나 작동하고 있는지를 보여주는 척도다. 썩 매력적인 그림은 아니다.

우리가 미국 사회 안에서 설명해 온 이런 경향들이 역전되지 않는다면 극도로 추악한 사회가 될 것이다. '모든 것은 우리가 챙기고 다른 사람에게는 아무것도 주지 않는다'는 애덤 스미스의 비열한 좌우명과 '자기 자신 빼고는 모두 무시하고 부를 쌓으라'는 새로운 시대정신을 바탕으로 세워지는 이런 사회에서는 공감과 연대, 상호 지원이라는 인간의 통상적인 본능과 감정이 밀려난다. 이렇게 추악한 사회에서 과연 누가 살고 싶을까? 내 자녀들이 그런 사회에 살기를 바라지 않는다.

어떤 사회가 사적인 부에 의한 통제를 바탕으로 한다면, 그 사회는 탐욕의 가치와 타인을 희생시켜서 개인적인 이득을 극대화하려는 욕망을 반영할 것이다. 이런 원리에 바탕을 둔 사회는 추악하지만 그래도 생존할 수 있다. 그런데 글로벌 사회가 그런 원리에 바탕을 둔다면 대량 살상으로 치닫게 마련이다.

인류의 생존

내가 생각하는 미래는 암울해 보인다. 무슨 말인가 하면, 지금 우리

187

원리 10
국민을
주변화하라

는 정말로 심각한 문제에 직면해 있다. 한 가지 무시해서는 안 될 것이 있다. 우리는 역사상 최초로 말 그대로 인류의 생존이라는 문제에 직면하는 단계에 서 있다. 우리 인류는 적어도 어느 정도 번듯한 인류라는 형태로 생존할 수 있을까? 이것은 정말 현실적인 문제다.

2016년 11월 8일, 이후의 세계에 흔적을 남길 세계 역사상 가장 강력한 국가가 선거를 치렀다. 그 결과로 정부(행정부, 의회, 대법원)의 모든 통제권이 이제 세계 역사상 가장 위험한 조직이 된 공화당의 수중에 들어갔다.

공화당이 세계 역사상 가장 위험한 조직이라는 마지막 구절을 제외하면 이 모든 사실은 논쟁의 여지가 없다. 마지막 구절은 이상하고 심지어 터무니없이 들릴지 모른다. 하지만 정말 그럴까? 사실을 검토해 보면 오히려 정반대다. 공화당은 조직화된 인간 생활을 파괴하는 방향으로 최대한 빠른 속도로 질주하는 데 몰두한다. 역사적으로 그런 입장을 견지한 선례가 전혀 없다.

이 말은 과장일까? 바로 전에 우리가 두 눈으로 목격한 사실을 생각해 보자. 승리한 후보는 석탄을 포함한 화석연료 사용을 급속하게 늘리고, 규제를 해체하고, 지속 가능한 에너지로 전환하려는 개발도상국의 노력을 돕는 것을 거부하고, 일반적으로 종합해 보면 최대한 빨리 절벽을 향해 질주하자고 호소한다.

이미 직접적인 결과가 나타나고 있다. 파리에서 열린 제21차 유엔

불평등의
이유

기후변화협약 당사국총회는 입증 가능한 조약을 목표로 삼았지만, 구두 약속으로 만족해야 했다. 공화당이 우세한 미국 의회가 구속력 있는 어떤 약속도 받아들이려 하지 않았기 때문이다. 마라케시에서 후속으로 열린 제22차 당사국총회는 공백을 메우는 것을 목표로 삼았다. 총회는 2016년 11월 7일에 개회되었다. 미국 대통령 선거일인 11월 8일, 세계기상기구World Meteorological Organization, WMO는 환경 파괴의 현 상태에 관해 암울하고 불길한 보고서를 내놓았다. 선거 결과가 들어오자 총회는 가장 힘센 나라가 협약에서 발을 빼고 협약을 훼손하려고 하는 가운데 전체 과정이 지속될 수 있는가 하는 문제에 관심을 돌렸다. 총회는 결국 아무런 결과 발표도 없이 끝났다. 그런데 놀라운 구경거리가 있었다. 인류가 어지간히 생존할 수 있다는 희망을 떠받치는 지도자가 이제 중국으로 바뀐 것이다! 그리고 사실상 고립된 주요한 파괴자가 이른바 '자유세계의 지도자'였다. 이번에도 역시 이런 광경을 표현할 말을 찾기는 쉽지 않다.

선거라는 호화 쇼를 수많은 언론에서 보도하고 있지만, 그 가운데 어느 것도 큰 관심을 얻지 못한다는 놀라운 사실을 표현할 말을 찾기도 쉽지 않다. 적어도 나는 적절한 말을 찾지 못해 당황스럽다.

우리는 두 눈을 빤히 뜬 채로 우리 손자들이 생존조차 할 수 없는 세상을 향해 달려가고 있다. 환경 재앙을 향해 그냥 달려가는 정도가 아니라 그야말로 **돌진**하고 있다. 미국은 대부분 제도적 이유로 말

미암은 기업의 압력 아래 앞장서서 이런 위험을 가속화하고 있다. 신문 헤드라인을 한번 살펴보자. 《뉴욕타임스》1면에 기사가 하나 실렸는데, 북극 만년설 측정법에 관한 폭로 기사였다. 여러 정교한 컴퓨터 모델에서 예측했던 수준을 훌쩍 뛰어넘어 만년설이 녹았고, 북극 만년설의 용해는 기후에 상당한 영향을 미친다는 사실이 드러났다.

이런 용해는 단계적으로 확대되는 과정에 있다. 만년설이 녹아내리면서 태양에너지 반사량이 줄어들고, 더 많은 태양에너지가 대기로 들어오면서 단계적으로 확대되는 단선적이지 않은 과정이 생겨나는데, 이 과정은 통제가 불가능하다. 기사에는 또한 각국 정부와 기업의 반응도 담겨 있었다. 열광적인 반응이었다. 이제 땅을 파서 화석연료를 추출할 새로운 지역이 열리기 때문에 이 과정이 가속화되면서 상황이 더욱 악화될 수 있다. 참으로 대단하지 않은가.

우리 후손들에게는 사형선고나 마찬가지다. 좋다. 이 과정을 가속화해 보자. 그러면 머지않은 미래에 해수면 상승으로 방글라데시의 수억 인구가 집을 버려야 할 테고, 다른 나라 사람들도 영향을 받을 것이다. 이런 상황을 조장하는 것을 보면, 우리 손자들과 미래 세대에 대한 관심이 턱없이 부족하거나 우리 눈앞에서 빤히 벌어지는 일을 보지 못하는 것이라고밖에 볼 수 없다.

70년이 넘는 시간 동안 인간의 삶에 그림자를 드리운 또 다른 주요한 생존 위협이 있다. 핵전쟁이 바로 그것이다. 이 위협 역시 점점 고조되고 있다. 1955년 무렵에 버트런드 러셀Bertrand Russell과 앨버트 아인슈타인Albert Einstein은 세계인들 앞에 피할 수 없는 엄연한 선택이 놓여 있다고 주장하는 열정적인 호소문을 발표했다. 인류 전체가 전쟁을 포기할지, 자멸해 버릴지 결정해야 한다는 것이었다. 우리는 여러 차례 자멸 일보 직전까지 간 적이 있다. 《원자과학자회보Bulletin of Atomic Scientists》는 '운명의 날 시계Doomsday Clock'를 만들었다. 이 시계는 원자폭탄이 사용된 직후인 1947년에 작동되기 시작했다. 시계는 지구 종말을 의미하는 자정에서 얼마나 떨어져 있는지를 보여준다. 불과 2년 전에 시계 분침은 자정 쪽으로 2분 이동했다. 이제 자정 3분 전이 된 것이다. 핵전쟁의 위협과 환경 재앙의 위협이 고조되고 있기 때문이다. 정책 결정권자들이 두 가지 위협을 증폭하고 있는 가운데, 우리는 이런 미래를 야기할 뿐 아니라 가속화하고 있다.

권위 구조는 자기정당화를 하지 않는다

내가 생각하기에 우리는 완벽하게 정의롭고 자유로운 사회가 어떤 모습일지 상세하게 고안할 만큼 현명하지 못하다. 다만 몇 가지 윤곽 정도는 제시할 수 있고, 더 중요하게는 우리가 그런 방향으로 어떻게 진보할 수 있는지를 자문할 수 있다. 20세기 전반의 주요 사회철학자인 존 듀이John Dewey는 모든 기관(생산, 상업, 언론)을 참여민주주의의 통제 아래 두기 전까지는 제대로 작동하는 민주주의 사회를 갖지 못할 것이라고 주장했다.[2] 듀이의 말처럼, 그때까지 "정책은 기업이 사회에 드리우는 그림자가 될 것이다." 본질적으로 맞는 말이다.

권위와 지배와 위계의 구조들이 존재하는 경우에(누군가는 지시를 내리고 누군가는 지시를 받는다), 이런 구조는 자기정당화를 하지 않는다. 그런데 원래 스스로를 정당화해야 한다. 증명을 해야 하는 것이다. 자세히 들여다보면, 보통 이 구조는 스스로를 정당화하지 못한다. 이렇게 정당화하지 못할 때 우리는 그 구조를 해체해야 한다. 그런 정당성 없는 권위 형태를 해체함으로써 자유와 정의의 영역을 넓히려고 해야 한다. 헌신적으로 몰두하는 조직화된 국민들이 해야 할 또 다른 과제다. 단지 규제하는 것이 아니라 애당초 그런 구조가 왜 존재하는지를 묻는 것이다. 이 과제는 계몽주의와 고전 자유주의 사상의 초자유주의적 요소에서 곧바로 나오는 것이다. 이것은 또한 무정부주의의 핵심 원리이지만 민주주의이기도 하다. 나는 이 두 가지가 어떤 면에서든 대립한다고 생각하지 않는다. 동일한 종류의 문제를 바라보는 다른 방식일 뿐이다. 의사 결정의 결과와 관련 있는 사람들이 직접 그 결정을 내려야 한다는 것이다. 그리고 실제로 오랜 시기에 걸쳐 바로 그런 방향으로 진보가 이루어졌다. 이제 우리는 모두 감사하는 마음으로 그것을 진보라고 인정한다.

2. 《후기 저작, 1925~1953, 6권: 1931~1932》, 존 듀이, 1985, 199쪽을 보라.

변화

나 또한 내 생의 적지 않은 부분을 투입해서 운동에 참여했다. 공개적으로 모습을 드러낸 적은 별로 없다. 나는 그런 일에는 굉장히 서툴다……. 나는 대단한 조직가는 아니다. 그러나 현실이 바뀌는 것은 많은 사람들이 계속해서 활동하기 때문이다. 이 사람들은 지역사회와 일터, 또는 자기가 속한 어느 곳에서든 계속 활동하고 있다. 그리고 대중적인 운동의 토대를 구축하면서 변화를 일으키고 있다. 역사를 되짚어 보면 모든 일이 그런 식으로 일어났다.

예컨대 미국 사회에서 실제로 이룩한 업적 중 하나인 표현의 자유를 살펴보자. 이 점에서는 우리가 세계 최초였다. 그런데 그것은 권리장전이나 헌법에서 정확하게 보장되지 않는다. 표현의 자유 문제는 20세기 초에 대법원에 제기되기 시작했다.[3] 주요한 공헌은 1960년대에 이루어졌다. 그 가운데 손꼽히는 것 하나는 민권운동의 사건이었다.[4] 그때쯤 대규모 민중 운동이 생겨나 물러서기를 거부하면서 권리를 요구하고 있었다. 그런 상황에서 대법원은 표현의 자유에 대해 꽤 높은 기준을 확립했다.[5] 이번에는 여성의 권리를 예로 들어 보자. 여성들 또한 억압적인 구조를 확인하고, 그 구조를 받아들이기를 거부하며 다른 사람들을 자기들 대열에 끌어들이기 시작했다. 권리는 이런 식으로 획득되었다.

193

3. '브랜던버그 대 오하이오 주' 판결, 미합중국 대법원, 1969년 6월 9일. 200쪽을 보라.
4. '에드워즈 대 사우스캐롤라이나 주' 판결, 미합중국 대법원, 1963년 2월 25일. 201쪽을 보라.

일반적인 해법이란 존재하지 않는다. 특정한 문제에 대한 특정한 해법이 있는 것이지, 적어도 내가 아는 한 모든 것에 대한 일반적인 해법이란 없다. 우리가 누리는 권리를 만들어 낸 사람은 활동가들이다. 그들은 자신들이 받아들이는 정보에 입각하여 정책을 실행할 뿐 아니라 이해에 기여하기도 한다. 그것은 상호적인 과정이라는 사실을 유념하자. 어떤 일을 해보려고 시도를 하면 배우게 마련이다. 세상이 어떤 모습인지를 배우는 것이다. 그런 배움은 앞으로 어떻게 나아갈지를 이해하는 데 피드백 작용을 한다.

사람들은 상호작용을 통해 배운다. 고등과학의 경우도 마찬가지다. 과학 연구소에 가면 사람들은 서로 이야기를 나누고, 서로에게 이의를 제기하고, 생각을 발표하고, 동료와 학생들에게서 반응을 얻는다. 고립되어 있더라도 문제를 파악할 수 있는 개별적인 천재가 나타날 수는 있겠지만, 그럴 가능성은 적다. 자원이나 지원 또는 자기가 어떤 존재이고, 세상에서 무슨 일이 벌어지고 있으며, 어디를 살펴보아야 하는지를 알아내기 위한 동기부여가 없기 때문이다.

따라서 노동조합(노동조합은 노동자의 권리를 위해 싸울 뿐 아니라 노동자 교육을 주요한 활동으로 삼는 매우 교육적인 세력이었다)같이 제대로 작동하는 중요한 조직이 있는 사회에서는 어디를 바라보아야 하는지를 배울 수 있다. 서로를 격려하고, 서로에게 정보를 줄 수 있다. 당신의 견해에 대해 문제 제기를 받고 세련되게 다듬을 수도 있다. 그러

불평등의
이유

5. 《타임스》 대 설리번 판결, 미합중국 대법원, 1964년 3월 9일. 202쪽을 보라.

면 엘리트 기관들은 대부분 당신이 알기를 원치 않는 내용을 감추려고 자연스러운 노력을 한다는 사실을 알고 이를 극복할 수 있다. 결국 다른 모든 것이 그렇듯, 권력에 대항해서 끊임없이 싸워야 한다.

아랍의 봄이 진행되던 타흐리르 광장 시위 초기에 정부의 압력은 아주 대단했다. 소셜미디어를 통해 수많은 조직이 구성되자 무하마드 호스니 무바라크Muhammad Hosni Mubarak 대통령은 소셜미디어를 통한 운동을 봉쇄하고자 인터넷을 차단하기로 결정을 내렸다. 그 결과 어떻게 되었을까? 운동이 오히려 **확대되었다.** 사람들이 정말로 중요한 일, 즉 대면적인 접촉으로 돌아섰기 때문이다. 사람들은 서로 **이야기**를 하기 시작했다. 직접적인 인간적 교류, 즉 사람들이 직접 만나 조직을 이루고, 이야기를 하고, 남의 말에 귀를 기울이는 등의 교류가 커다란 영향을 미친다는 사실을 보여주는 증거는 무수히 많다. 소셜미디어는 유용하고 모든 조직가와 활동가가 그것을 활용하지만, 사람들과 직접 토론하는 것과는 다르다. 우리는 인간이지 로봇이 아니며, 이 사실을 잊어서는 안 된다.

그렇다면 '우리는 무엇을 할 수 있는가?'라는 질문에 답해 보자. 우리가 마음먹기만 하면 어떤 일이든 할 수 있다. 사실을 말하자면, 상대적 기준에서 볼 때 우리는 꽤 자유로운 사회에 살고 있다. 이것은 하늘에서 내려준 선물이 아니다. 지금 우리가 누리는 자유는 어렵고 고통스럽고 용감한 민중 투쟁으로 얻어 낸 것이다. 우리에게는

195

이런 유산이 있다. 다른 사람들의 투쟁으로 우리에게 주어진 유산이다. 우리에게는 커다란 기회가 있다. 미국은 여러 면에서 여전히 세계에서 가장 자유로운 사회다. 정부가 강압을 휘두를 수 있는 여지는 매우 제한되어 있다. 기업은 강압을 휘두르려 할 수 있지만 그럴 만한 기제를 갖고 있지 않다. 사람들이 조직화된다면, 즉 과거에 그랬던 것처럼 자신들의 권리를 얻기 위해 싸운다면 할 수 있는 일이 많이 있으며, 우리는 많은 승리를 얻을 수 있다.

우리는 우리 사회와 문화 수준, 제도 안에 존재하는 아주 심각한 결함과 단점을 분명하게 볼 수 있다. 이런 결함과 단점은 흔히 수용되는 틀 바깥에서 작용하는 힘으로 바로잡아야 할 것이다. 우리는 새로운 정치 행동 방식을 찾아야 할 것이다. 주로 젊은이들 사이에서 변화가 한창 진행되고 있는데, 원래 변화는 거기서 시작되는 법이다. 이 변화는 어디로 갈까? 그것은 바로 당신에게 달려 있다. 당신 같은 사람들이 가리키고 이끄는 방향으로 갈 것이다.

오랫동안 가깝게 지낸 친구인 고 하워드 진Howard Zinn의 말을 빌리면, "중요한 것은 이름 없는 사람들이 행한 무수히 많은 작은 행동이며, 바로 이런 사람들이 역사에 기입되는 중요한 사건들의 토대를 놓았다."[6] 이 사람들이야말로 과거에 많은 일을 했으며, 미래에도 많은 일을 해야 한다.

6.《달리는 기차 위에 중립은 없다》, 하워드 진, 1994. 204쪽을 보라.

1
———

〈미국 정치 이론 검증: 엘리트, 이익집단, 보통 시민〉,
마틴 길런스·벤저민 I. 페이지, 2014

　　이런저런 행위자 집단이 정책에 영향력을 미친다는 사실을 보여주는 경험적 연구가 상당히 많지만, 최근까지 이런 대조적인 이론적 예측을 단일한 통계 모델 안에서 서로 비교해서 검증하는 것은 불가능했다. 우리는 1779개의 정책적 쟁점에 대한 핵심 변수들의 측정치를 포함하는 독특한 데이터군을 활용하는 이런 노력을 보고한다.

　　다변수 분석을 해보면, 기업계를 대변하는 조직화된 집단과 경제 엘리트들이 미국 정부 정책에 상당히 독립적인 영향을 미치는 반면, 평범한 시민들과 대중에 기반을 둔 이익집단은 독립적인 영향력이 거의 또는 전혀 없다는 점을 알 수 있다. 이 결과는 다수결 선거 민주주의 이론이나 다수결 다원주의 이론이 아니라 경제-엘리트 지배

이론과 편향된 다원주의 이론에 상당한 뒷받침을 제공한다. (…)

마지막 논점은 이렇다. 두 변수를 적용한 기술적 의미에서도 우리가 발견한 증거에 따르면, 일반 대중이 정부의 **행동**을 원할 때 미국 정치체제의 반응성은 크게 제한된다는 것을 알 수 있다. 미국 정치체제에 의도적으로 기입된 다수결에 대한 장애물(연방주의, 권력분립, 양원제)과 다수결에 거스르는 의회 규정과 절차로 인한 다른 여러 장애물 때문에 이 체제는 상당한 현상 유지 편향을 갖는다. 따라서 다수의 대중이 주어진 정책 변화에 반대하면서 현상 유지를 선호할 때는 바라는 결과를 얻을 공산이 크다. 그러나 대중의 다수가, 심지어 절대다수라 할지라도, 변화를 선호할 때는 원하는 바를 얻지 못할 공산이 크다. 우리가 조사한 1779건의 정책 사례 중에서 일반 대중이 근소한 다수로 변화에 찬성한 경우에 원하는 정책 변화의 30퍼센트 정도만 얻었다. 더 인상적인 예를 보면, 압도적 다수가 변화에 찬성할 때에도, 즉 대중의 80퍼센트가 정책 변화를 선호할 때에도 고작 43퍼센트 정도만을 얻었다.

어쨌든 민중적 민주주의populistic democracy를 규범적으로 옹호하는 이들은 평범한 시민들이 실제로 상황을 지배하는 엘리트나 이익집단과 우연히 견해가 일치할 때에만 정부로부터 원하는 바를 얻는, 우연의 일치에 의한 민주주의에 열광하지 않을 것이다.

《후기 저작, 1925~1953. 6권: 1931~1932》,

존 듀이, 1985

❝ 이제까지 나는 여기저기 흩어진 발언을 과감하게 상당히 길게 인용했는데, 그것은 워싱턴의 당면 상황의 풍경이 전형적이기 때문이다. 워싱턴의 상황은 이 나라 곳곳에서 정치가 처한 상황을 정확하게 반영한다. 워싱턴의 상황은 미국인의 삶의 현실과 아무 상관이 없다. 둘은 전혀 연결되지 않기 때문이다. 이런 상황은 사람들이 낡은 양당에 대해 갖는 불만과 염증을 설명해 주며, 새로운 정당에 기회가 된다. 우리는 오랫동안 정치는 중요하지 않고, 정부는 단지 장애물이자 훼방꾼이고, 산업과 금융의 수장들이야말로 현자이자 우리 나라의 부를 안전하게 맡길 수 있는 지도자들이라는 말을 들었다.

이런 말을 계속 되풀이하는 사람들은 원래 정치 일반이 거대 산업계의 공모자일 때를 제외하고는 그 산업계의 메아리인 것처럼, 워싱턴의 정치가 보여주는 혼란과 난국, 시시함과 부적절함이 산업 '지도자들'의 파산을 반영하는 것일 뿐임을 망각하거나 보이지 않게 감추려고 한다. 의회가 보여주는 교착상태와 무기력은 분명 산업과 금융 수장들이 자신들의 사리사욕을 채우는 과정의 부대조건으로, 나라의 사무를 순조롭게 수행하지 못하면서 보여준 무능력을 비추는 거

울이다. 우리를 작금의 위기 상태로 몰아넣은 이들이 정치 행동의 부
담에서 벗어나기만 하면 활동을 규제받지 않도록 호소해서 우리를
위기에서 벗어나게 해줄 것이라고 믿는다면, 비극은 아닐지라도 희극
일 것이다. 광견병을 치료하기 위해 자기를 문 개의 머리털을 삼키는
주술은 특권과 권력을 가진 이들이 자신들이 야기한 붕괴를 치유할
것이라고 믿는 주술에 비하면 아무것도 아니다. 정치가 대기업이 사
회에 드리우는 그림자인 한, 이 그림자가 엷어진다고 실체가 바뀌는
것은 아니다. 유일한 치유책은 사회적 이해관계와 현실에 근거한 새
로운 정치 행동뿐이다.

3

'브랜던버그 대 오하이오 주' 판결, 미합중국 대법원,
1969년 6월 9일

66 KKK단 지도자인 상소인은 "산업이나 정치 개혁을 이루기 위한
수단으로 범죄, 파괴 행위, 폭력, 기타 불법적 방법을 의무나 필요, 정
당한 요구로 (…) 옹호하고, 형사 신디컬리즘의 교의를 가르치거나 옹
호하기 위해 결성된 협회나 단체, 집단으로 자발적으로 모이는 것"을
금지하는 오하이오 주의 형사 신디컬리즘 법Criminal Syndicalism Statute에
따라 유죄판결을 받았다.

공소장이나 1심 재판관의 설명문이나 임박한 불법 행동 선동과 구별되지 않는 단순한 옹호라는 점에서 이 범죄에 대한 형사 신디컬리즘 법의 정의를 개선하지 않았다.

판결 형사 신디컬리즘 법은 그 어구와 적용에 의해 단순한 옹호를 처벌하고, 위반 시 형사 처벌한다는 조건으로 앞에서 서술한 행동 유형을 단순히 옹호하기 위해 타인들과 모이는 것을 금지한다는 취지이기 때문에, 헌법 수정조항 제1조와 제14조에 위배된다. 표현과 언론의 자유에 따르면, 어떤 주도 무력 사용이나 법률 위반 옹호가 임박한 불법 행동을 선동하거나 유발하는 것을 겨냥하고 그런 행동을 선동하거나 유발할 수 있는 경우를 제외하고는, 그런 옹호를 금지하는 것은 허용되지 않는다. '휘트니 대 캘리포니아 주' 판결(274 U.S. 357)은 기각을 결정한다.

4

'에드워즈 대 사우스캐롤라이나 주' 판결, 미합중국 대법원, 1963년 2월 25일

> 우리 정부 체제 아래에서 표현의 자유는 논쟁을 권유하는 기능을 한다. 표현의 자유는 실제로 불온한 상태를 유도하거나 현재 상황에 대한 불만을 야기하거나 심지어 사람들의 분노를 자극할 때 가장

중요한 목적에 이바지할 수 있다. 표현은 종종 도발적이고 도전적이다. 표현은 편견과 선입견에 타격을 주며, 어떤 사고를 받아들이도록 강요하기 때문에 심대한 동요 효과를 발휘한다. 바로 이런 이유 때문에 (…) 대중의 불편이나 성가심이나 불안을 훌쩍 넘어서는 심각한 실질적 해악을 야기할 명백하고 현존하는 위험을 낳을 가능성이 없는 한, 검열이나 처벌에 맞서서 표현의 자유를 보호해야 한다. (…) 우리 헌법 아래서는 좀 더 제한적인 견해를 가질 여지가 전혀 없다. 이와 다른 대안이라면 입법부나 법원, 지배적인 정치 집단이나 공동체 집단에 의해 사고를 표준화하는 결과로 이어질 것이기 때문이다.

5

《타임스》 대 설리번 판결, 미합중국 대법원,
1964년 3월 9일

    " 앨라배마 주 몽고메리의 선출직 공무원인 피신청인은 신청인인 기업의 신문 광고 때문에 명예가 훼손되었다고 주장하며 주법원에 소송을 제기했다. 신청인 네 명을 비롯한 여러 사람의 이름이 실린 광고였다. 이 광고에는 민권 시위에 참여한 학생들과 민권운동 지도자를 겨냥한 것으로 추정되는 경찰의 행동에 관한 일부 그릇된 내용이 있는 성명서가 실려 있었다. 피신청인은 자신이 맡은 임무에 경찰

서에 대한 감독이 포함되기 때문에 성명서에서 자신의 이름이 거론되었다고 주장했다. 1심 재판관은 이런 성명서는 "그 자체로 명예훼손", 즉 실제로 피해를 입었다는 증거가 없이도 인정되는 불법적인 권리 침해이며, 피해 보상을 위해서는 악의가 있었다고 추정되어야 하며, 따라서 만약 성명서가 신청인들에 의해 공표되었고, 피신청인과 관련이 있음이 밝혀지면 신청인들에게 이런 피해 보상금을 부과할 수 있다고 배심원들에게 설명했다. 징벌적 손해배상에 관해서 1심 재판관은 단순한 부주의는 실제적인 악의의 증거가 되지 않으며, 징벌적 손해배상을 판정할 정당한 이유가 되지 못한다고 설명했다. 그리고 재판관은 징벌적 손해배상을 부과하기에 앞서 해를 가하려는 실제 의도나 무모함이 발견되어야 한다거나 피신청인에 대한 평결이 피해 보상과 징벌적 손해배상의 차이를 논해야 한다고 설명하지 않았다. 배심원단은 피신청인에게 유리한 평결을 내렸고, 주 대법원은 이를 확인했다.

판결 헌법 수정조항 제1조와 제14조에 따라 주는 공무원의 공무 수행과 관련하여 그가 '실제적인 악의', 즉 성명서가 허위 사실을 인지하거나 진실 여부를 개의치 않고 작성되었음을 입증하지 못하는 한 허위 사실에 따른 명예훼손에 대해 공무원에게 피해 보상을 하도록 판정을 내릴 수 없다.

6

《달리는 기차 위에 중립은 없다》, 하워드 진, 1994

❝ 사회운동의 역사는 곧잘 대규모 사건이나 일대 변화를 가져온 순간들에 스스로를 국한한다. 민권운동의 역사에 관한 개관은 으레 브라운 사건에 대한 대법원 판결이나 몽고메리 버스 보이콧, 앉아 있기 운동, 자유 승차 운동Freedom Rides, 버밍엄 시위, 워싱턴 대행진, 1964년 민권법, 셀마-몽고메리 행진, 1965년 투표권 법안 등만을 다루고 있다.

이들 거대한 운동을 이끌어 낸 이름 없는 이들의 셀 수 없이 많은 작은 행동들은 이 역사에서 빠져 있다. 그러나 이것을 이해할 때, 우리는 우리가 참여한 아무리 작은 저항 행동이라도 사회 변화의 보이지 않는 뿌리가 될 수 있음을 알게 된다.

1928년생인 노엄 촘스키는 이제 90세를 바라보고 있지만 그의 지성의 힘은 조금도 줄지 않은 듯하다. 지난 반세기 동안 그는 한결같이 대중의 편에서, 사회의 가장 왼쪽 자리에서 거침없는 목소리를 내왔다. 혁신적인 이론을 내놓은 언어학자라는 점만 빼면, 그는 언제나 주류보다는 소수자의 편에 있었고, 공화당이나 민주당에게 때로는 양당 모두에게 항상 비난을 받았으며, 주류 학계와 언론으로부터 외면을 받았다. 1960년대 베트남전쟁 반대 운동을 기점으로 한 현실 참여에서 비롯된 그의 사회참여적 저술 활동은 그동안 주로 미국의 제국주의적 대외 정책과 신자유주의 세계 질서가 낳은 폐해에 초점이 맞춰졌다.

그런 점에서 이번 책은 다소 새로운 주제를 다루고 있다. 미국의 부와 권력의 불평등 확대가 낳은 아메리칸 드림의 몰락을 정면으로 겨냥하기 때문이다. 그리고 이번 책은 그동안 촘스키가 설파했던 정치와 경제에 관한 논의를 일반 시민의 눈높이에서 가장 압축적으로 정리한 내용이라고 보아도 무방하다. 오늘날 미국에서 부와 권력의 집중을 낳은 10가지 원리는 무엇인가? '민주주의를 축소하라', '이데올로기를 형성하라', '동의를 조작하라' 등 책에서 설명하는 10가지 원리는 비단 미국만이 아니라 지난 수십 년에 걸쳐 소득 불평등이 극적으로 확대되고 민주주의가 점점 껍데기만 남기고 부실해지는 많은 나라에서도 절로 고개가 끄덕여지는 설명이다. 아리스토텔레스에서 데이비드 흄과 제임스 매디슨을 거쳐 마틴 루서 킹 2세, 그리고 종종 함께 거론되곤 했던 친구 하워드 진에 이르기까지 민주주의와 권력의 본질을 탐구하고 포착했던 이들의 입을 빌려 촘스키는 우리의 사회와 국가의 작동 원리를 들려 준다. 애덤 스미스의 '비열한 좌우명'이나 피통치자들이 한데 뭉치면 언제든 권력을 잡을 수 있다는 흄의 통찰, 매디슨이 옹호한 '부유한 소수', 월터 리프먼의 '동의의 조작' 등 촘스키의 저작을 자주 접한 독자라면 한 번쯤 들어 보았을 구절들이 촘촘히 박혀 있는 이 책은 촘스키의 정치적 저작을 응축한

작품이다.

촘스키가 설명하는 것처럼, 미국의 국가 기틀을 세운 헌법은 한편으로는 자유와 평등, 새로운 세계에서 누구나 꿈을 펼칠 기회를 약속하면서도 그 이면에서는 교묘하게 부와 권력의 불평등에 바탕을 둔 체제를 지키려고 했다. 다수 대중이 똘똘 뭉쳐서 자유와 평등을 급진적으로 요구하는 사태를 미연에 막기 위한 장치를 만들어 놓은 것이다. 열심히 일하면 누구든 성공할 수 있다는 아메리칸 드림을 굳게 신봉한 일반 대중은 그 꿈을 좇아 근면하게 일하면서도 계급적 장벽에 맞닥뜨릴 때면 자신들의 기회와 권리를 요구했다. 부자들과 권력자들은 이데올로기를 형성하고 동의를 조작하면서 이런 민중운동에 반격을 가했다. 아메리칸 드림을 꿈꾸며 공평한 경쟁을 위해 경제를 규제하려 한 이들의 연대는 공격을 받았다.

촘스키는 걸핏하면 자본주의를 지켜야 한다고 핏대를 세우는 부자와 권력자들의 허위와 위선을 폭로한다. 오히려 "부자와 권력자들은 자본주의 체제를 원하지 않는다. 그들은 곤경에 빠지는 즉시 '보모국가'로 달려가서 납세자의 돈으로 구제금융을 받을 수 있기를 원한다." 우리 역시 IMF 외환위기를 통해 납세자들의 돈이 어떻게 재벌 기업의 주머니로 흘러 들어가는지 지켜보지 않았던가. 그리고 이런 식으로 보장된 부와 권력의 집중은 악순환으로 이어진다. "부의 집중은 권력의 집중을 낳는다. 특히 선거 비용이 급증해서 정당이 주

요 대기업의 주머니 속으로 한층 더 깊숙이 들어갈 수밖에 없을 때
는 더욱 그렇다."

분노를 담은 날카로운 문장으로 미국 대외 정책의 허구를 낱낱이
해부하던 전작들에 비하면, 이 책의 어조는 다소 담담하게 가라앉아
있다. 잃어버린 아메리칸 드림을 포기해서는 안 된다고, 그러려면 우
리가 사는 세계가 어떻게 지금의 모습이 되었는지를 찬찬히 더듬어
보아야 한다고 말한다. 행동을 촉구하기보다는 같이 원인을 찾아보
자고 권유하는 목소리를 담고 있다. 그 꿈을 놓지 말자고, 이름 없는
이들의 작은 행동을 모아서 희망을 찾자고 말한다.

부모 세대보다 나은 삶, 아니면 그보다 조금 떨어지더라도 최소한
안정된 삶을 살 수 있다는 희망은 연기처럼 사라져 버렸다. 경제는
위기를 거듭하며 점점 불안만 키우고 있다. 기후변화의 위험은 코앞
에 닥쳤다. 냉전이 끝난 지 오래건만 핵무기를 비롯한 대량살상무기
의 위협은 좀처럼 줄어들지 않는다. 언론까지 집어삼킨 다국적기업
은 거대하게 몸집을 키우면서 사람들의 생활과 정신의 구석구석까지
촉수를 뻗친다. 이런 상황에서 촘스키는 차분한 어조로 우리에게 묻
는다. 매디슨의 조언처럼 민주주의를 축소할 것인가, 아니면 아리스
토텔레스가 내놓은 해법처럼 민주주의를 확대하고 불평등을 축소할
것인가? 그리고 인간이라면 누구나 자기 자신과 주변의 현실을 파악
할 이성의 힘이 있으며, 시민이라면 누구나 동료 시민과 토론하고 정

치에 참여할 능력이 있음을 상기시킨다. 그러면서 희망의 끈을 놓지 말고 자신과 함께 성찰하고 행동하자고 권유한다.

2018년 3월
유강은

참고 자료

원리 1: 민주주의를 축소하라

Yates, Robert, and John Lansing. *Secret Proceedings and Debates of the Convention Assembled at Philadelphia, in the Year 1787*. Cincinnati: A. Mygatt, 1844. https://archive.org/details/secretproceedin00convgoog.

"From Thomas Jefferson to William Short, 8 January 1825." Founders Online. 2016년 10월 5일 최종 수정. http://founders.archives.gov/documents/Jefferson/98-01-02-4848.

Martin, Thomas R., with Neel Smith and Jennifer F. Stuart. "Democracy in the Politics of Aristotle." In *Dēmos: Classical Athenian Democracy*, edited by C. W. Blackwell (Anne Mahoney and Ross Scaife, eds., *The Stoa: A Consortium for Electronic Publication in the Humanities* [www.stoa.org]). 2003년 7월 26일에 최종 수정. 2016년 11월 16일 접속. http://www.stoa.org/projects/demos/article_aristotle_democracy?page=8&greekEncoding.

Aristotle. *Politics*. Edited by R. F. Stalley. Translated by Sir Ernest Barker. Oxford: Oxford University Press, 2009. 《정치학》, 아리스토텔레스 지음, 천병희 옮김,

숲, 2009)

Somerset v. Stewart, (1772) 98 E.R. 499 (K.B.).

Malcolm X. "'Democracy is Hypocrisy' speech." Alexander Street video, 6:00. 2016
년 11월 15일 접속. http://search.alexanderstreet.com/preview/work/2787244.
Estate of Malcolm X의 허락을 받고 재수록.

King, Martin Luther, Jr. *A Testament of Hope: The Essential Writings and Speeches of
Martin Luther King, Jr.* Edited by James M. Washington. San Francisco: Harper
& Row, 1986. Copyright © 1986 by Coretta Scott King, Executrix of the Estate
of Martin Luther King, Jr. Reprinted by arrangement with The Heirs to the
Estate of Martin Luther King, Jr., c/o Writers House as agent for the proprietor
New York, NY.

Nelson, Gaylord. Speeches and other documents on Earth Day, 1970. Gaylord Nelson
Papers, MSS 1020. Wisconsin Historical Society. http://www.wisconsinhistory.
org/turningpoints/search.asp?id=1671.

원리 2: 이데올로기를 형성하라

Powell, Lewis Franklin, Jr. *Confidential Memorandum: Attack on American Free
Enterprise System (Powell Memorandum).* Washington, DC: 1971. http://
reclaimdemocracy.org/powell_memo_lewis/.

Crozier, Michel J., Samuel P. Huntington, and Joji Watanuki. *The Crisis of Democracy:
Report on the Governability of Democracies to the Trilateral Commission.* New
York: New York University Press, 1975.

Schwarz, Alan. "Attention Disorder or Not, Pills to Help in School." *New York Times,*
October 9, 2012. http://www.nytimes.com/2012/10/09/health/attention-
disorder-or-not-childrenprescribed-pills-to-help-in-school.html. 《뉴욕타임

스》의 허락을 받고 재수록.

원리 3: 경제를 개조하라

Lahart, Justin. "An End to the Focus on Short Term Urged." *Wall Street Journal*, September 9, 2009. http://www.wsj.com/articles/SB125244043531193463. Copyright © 2009, Dow Jones & Company. 허락을 받고 재수록.

Smith, Adam. *An Inquiry into the Nature and Causes of the Wealth of Nations*. London: W. Strahan and T. Cadell, 1776. (《국부론》 상·하, 애덤 스미스 지음, 김수행 옮김, 비봉출판사, 2007) http://www.ifaarchive.com/pdf/smith_-_an_inquiry_into_the_nature_and_causes_of_the_wealth_of_nations%5B1%5D.pdf.

Bank for International Settlements. *Mr. Greenspan Presents the Views of the Federal Reserve in Its Semi-annual Report on Monetary Policy, February 26, 1997.* 2016년 11월 10일 접속. http://www.bis.org/review/r970305b.pdf.

원리 4: 부담을 전가하라

Nilsson, Jeff. "Why Did Henry Ford Double His Minimum Wage?" *Saturday Evening Post*, January 3, 2014. http://www.saturdayeveningpost.com/2014/01/03/history/post-perspective/ford-doubles-minimum-wage.html.

Terrell, Ellen. "When a Quote Is Not (Exactly) a Quote: General Motors." *Inside Adams* (블로그), Library of Congress, April 22, 2016. https://blogs.loc.gov/inside_adams/2016/04/when-a-quote-is-not-exactly-a-quote-general-motors/.

Citigroup. *Plutonomy: Buying Luxury, Explaining Global Imbalances*. New York: 2005. https://docs.google.com/file/d/0B-5-JeCa2Z7hNWQyN2I1YjYtZTJjNy00

ZWU3LWEwNDEtMGVhZDVjNzEwZDZm/edit?hl=en_US.

Standard & Poor's. *Economic Research: How Increasing Income Inequality Is Dampening U.S. Economic Growth, and Possible Ways to Change the Tide.* New York: 2014. http://www.ncsl.org/Portals/1/Documents/forum/Forum_2014/ Income_Inequality.pdf. Copyright © 2014 Standard & Poor's Financial Services LLC. 허락을 받고 재수록.

원리 5: 연대를 공격하라

Smith, Adam. *The Theory of Moral Sentiments.* London: A. Millar, 1759. (《도덕감정론》, 애덤 스미스 지음, 박세일·민경국 옮김, 비봉출판사, 2009) http://www.econlib. org/library/Smith/smMS1.html.

Social Security Act of 1935, Pub. L. No. 74-271, 49 Stat. 620 (1935).

Servicemen's Readjustment Act of 1944, Pub. L. No. 78-346, 58 Stat. 284 (1944).

원리 6: 규제자를 관리하라

Hacker, Jacob S., and Nate Loewentheil. *Prosperity Economics: Building an Economy for All.* Creative Commons, 2012. 2016년 11월 9일 접속. http://isps.yale.edu/ sites/default/files/publication/2013/01/2012-prosperity-for-all.pdf. Reprinted (Creative Commons, 2012), 18, 29.

Drutman, Lee. "How Corporate Lobbyists Conquered American Democracy." *New America Weekly*, New America, April 20, 2015. http://www.newamerica.org/ political-reform/articles/how-corporate-lobbyists-conquered-american- democracy/. New America Weekly, New America의 허락을 받고 재수록.

Ruigrok, Winfried, and Rob van Tulder. *The Logic of International Restructuring: The*

Management of Dependencies in Rival Industrial Complexes. Abingdon, UK: Routledge, 1995. Copyright © 1995 Winfried Ruigrok and Rob van Tulder. 허락을 받고 재수록.

Smith, Adam. *An Inquiry into the Nature and Causes of the Wealth of Nations.* London: W. Strahan and T. Cadell, 1776. http://www.ifaarchive.com/pdf/smith_-_an_inquiry_into_the_nature_and_causes_of_the_wealth_of_nations%5B1%5D.pdf.

Irelan, John Robert. *The Republic, Or, A History of the United States of America in the Administrations: From the Monarchic Colonial Days to the Present Times, Volume 10.* Chicago: Fairbanks and Palmer Publishing Company, 1888.

원리 7: 선거를 주물러라

Citizens United v. Federal Election Commission, 558 U.S. 310 (2010).

Buckley v. Valeo, 424 U.S. 1 (1976).

Ferguson, Thomas, Paul Jorgensen, and Jie Chen. "Revealed: Why the Pundits Are Wrong About Big Money and the 2012 Elections." AlterNet, December 20, 2012. http://www.alternet.org/news-amp-politics/revealed-why-pundits-are-wrongabout-big-money-and-2012-elections. AlterNet의 허락을 받고 재수록.

원리 8: 하층민을 통제하라

"Ford Men Beat and Rout Lewis Union Organizers; 80,000 Out in Steel Strike; 16 Hurt in Battle." *New York Times*, May 26, 1937. http://query.nytimes.com/mem/archive-free/pdf?res=9A02E2DF1E3AE23ABC4F51DFB366838C629EDE.

Truman, Harry S. "Address in Louisville, Kentucky, September 30, 1948." In *Public Papers of the Presidents of the United States: Harry S. Truman, 1948.* Citation online by Gerhard Peters and John T. Woolley, American Presidency Project. http://www.presidency.ucsb.edu/ws/?pid=13029.

"Douglas Fraser's Resignation Letter from the Labor-Management Group." History is a Weapon. 2016년 11월 9일 접속. http://www.historyisaweapon.com/defcon1/fraserresign.html.

Hedges, Chris. "Power Concedes Nothing Without a Demand." *Truthdig*, March 14, 2011. http://www.truthdig.com/report/item/power_concedes_nothing_without_a_demand_20110314.

원리 9 : 동의를 조작하라

Hume, David. *Essays, Moral, Political, Literary.* London: Kincaid, 1741. http://www.econlib.org/library/LFBooks/Hume/hmMPL4.html.

Bernays, Edward. Propaganda. New York: H. Liveright, 1928. (《프로파간다》, 에드워드 버네이스 지음, 강미경 옮김, 공존, 2009)

Amos, Amanda, and Margaretha Haglund. "From Social Taboo to 'Torch of Freedom': The Marketing of Cigarettes to Women." *Tobacco Control* 9 no. 1 (2000): 3-8.

Schlosser, Eric. *Fast Food Nation: The Dark Side of the All-American Meal.* New York: Houghton Mifflin, 2001. (《패스트푸드의 제국》, 에릭 슐로서 지음, 김은령 옮김, 에코리브르, 2001) Copyright © 2001 by Eric Schlosser. Houghton Mifflin Harcourt Publishing Company의 허락을 받고 재수록. All rights reserved.

Lichtenstein, Alex. *Twice the Work of Free Labor: The Political Economy of Convict Labor in the New South.* New York: Verso, 1996. Copyright © Alex Lichtenstein 1996. 허락을 받고 재수록.

Creamer, Matthew. "Obama Wins! ... Ad Age's Marketer of the Year." *Advertising*

Age, October 17, 2008. http://adage.com/article/moy-2008/obama-wins-ad-age-s-marketeryear/131810/.

원리 10: 국민을 주변화하라

Gilens, Martin, and Benjamin I. Page. "Testing Theories of American Politics: Elites, Interest Groups, and Average Citizens." *Perspectives on Politics* 12, no. 3 (2014): 564-581. Copyright © American Political Science Association 2014. 허락을 받고 재수록.

Dewey, John. *The Later Works of John Dewey, 1925-1953 Volume 6: 1931-1932.* Carbondale, IL: Southern Illinois University Press, 1985. Copyright © 1985, 2008 by the Board of Trustees, Southern Illinois University. Southern Illinois University Press의 허락을 받고 재수록.

Edwards v. South Carolina, 372 U.S. 229 (1963).

Brandenburg v. Ohio, 395 U.S. 444 (1969).

New York Times Co. v. Sullivan, 376 U.S. 254 (1964).

Zinn, Howard. *You Can't Be Neutral on a Moving Train: A Personal History of Our Times.* Boston: Beacon Press, 1994. 《달리는 기차 위에 중립은 없다》, 하워드 진 지음, 유강은 옮김, 이후, 2016) Copyright © 1994, 2002 by Howard Zinn. 허락을 받고 재수록.

찾아보기

ㄱ

거스트너, 루이스 70

검은 월요일 114

골드만삭스 82, 101, 117, 118

공산당 45, 146

〈공장 팸플릿〉 160-161

공화당 85, 103, 111, 150, 151, 188-189

광란의 20년대 7, 87

구빈법(영국) 72

구제금융 79, 82, 103, 112, 114, 116-117, 119-120, 123

국내총생산(GDP) 58, 59, 91

국민총생산(GNP) 36

국민총행복 36

《국부론》 10, 71-73, 128, 152

《국제 구조조정의 논리: 경쟁하는 산업 단지들의 의존성 관리》 127

국제노동기구 145

국제통화기금 57, 121

군사위원회(미국 상원) 89

권리장전 193

그램, 필 111

그린스펀, 앨런 64, 73

극우파 137

글래스-스티걸 법 66, 111

금권경제 77-80, 87-89

《금권경제: 사치품 구입과 글로벌 불균형의 설명》 87-89

〈기업 로비스트들은 어떻게 미국 민주주의를 정복했나?〉 125-127

길런스, 마틴 182-183

ㄴ

남북전쟁 51, 151
네이더, 랠프 39, 48
넬슨, 게일로드 36
《노동 가의 몰락》145
노동법 개정안 160
노사위원회 158-159
노퀴스트, 그로버 102-103
뉴딜 57, 113, 114, 146-147
뉴아메리카위클리 125
《뉴욕타임스》43, 52, 101, 156, 190
닉슨, 리처드 38, 113

ㄷ

〈단기 투자 집중을 중단할 것을 촉구
　　하다〉 70-71
《달리는 기차 위에 중립은 없다》204
당사국총회(유엔기후변화협약) 189
대공황 5, 63, 111, 114, 115-116, 146-148
대불황 91
대처, 마거릿 77
도금시대 7, 87, 126
도널드, 데이비드 51
《도덕감정론》106-107
《도덕, 정치, 문예 에세이》174-175
도드-프랭크 법 66, 117

듀이, 존 191-192, 199
드루트먼, 리 125
디즈니, 월트 178

ㄹ

라가반, 라메시 53
라하트, 저스틴 70
러셀, 버트런드 191
레이건, 로널드 77, 84, 101, 114, 122-
　　123, 149, 172
로웬설, 네이트 124
록펠러, 넬슨 85
루빈, 로버트 111, 112, 117
루서, 월터 156-157
루스벨트, 프랭클린 델러노 146-147,
　　165
뤼그록, 윈프리드 127
리프먼, 월터 166, 206
릭턴스타인, 앨릭스 179

ㅁ

마르쿠제, 허버트 39
마르크스주의(자) 44, 147-148
매디슨, 제임스 20-25, 29, 165, 171
매카시즘 149
매콜리, 앵거스 180

맥도날드 65

맨스필드 경 26, 33

맬컴 엑스 34

메디케어 98, 100

메디케이드 100

몽고메리, 데이비드 145

무바라크, 호스니 무하마드 195

물가관리청 158

〈미국 기업과 공공 정책〉 126

〈미국 정치 이론 검증: 엘리트, 이익집
　　단, 보통 시민〉 197

미국자동차노동조합 149, 156, 158

미국제조업협회 147, 157-158

미국혁명 26

민권법 204

민주당 85, 205

'민주주의는 위선이다' 연설 34

《민주주의의 위기》 39, 49-52

ㅂ

뱅가드 그룹 70

버네이스, 에드워드 165-167, 175

버크셔해서웨이 70

'버클리 대 발레오' 판결 134, 140-141

버핏, 워런 70

《번영의 경제학: 모두를 위한 경제 만

들기》 124-125

베를루스코니, 실비오 43

베블런, 소스타인 166

보글, 존 70

보모국가 116-118, 207

부시, 조지 W. 115-116, 149-150

부채담보부증권(CDO) 119

북미자유무역협정(NAFTA) 133

분노의 일반화 185

'브랜던버그 대 오하이오 주' 판결 200-
　　201

브레턴우즈 체제 57

비열한 좌우명 10-11, 79, 83, 94, 103,
　　187, 206

ㅅ

사회보장제도 95, 122

〈사회적 금기에서 '자유의 횃불'로: 여성
　　을 겨냥한 담배 마케팅〉 176-177

산업별노동조합위원회 156

산업별노동조합회의(CIO) 145

산업혁명 121, 151-152

삼자위원회 39-40, 45, 49

'서머싯 대 스튜어트' 판결 33

새로운 시대정신 151-154

샌더스, 버니 84

세계기상기구(WMO) 189
세계은행 57, 121
《셀링투키즈》 178
소비자제품안전위원회 113
소비자 조작 166
쇼트, 윌리엄 30
슈워츠, 앨런 52
슐로서, 에릭 177
스미스, 애덤 10-11, 63, 71, 79, 94, 106,
    121, 128, 152-153, 187, 206
스미스, 앨 51
스타워즈(전략방위구상) 123
스탠더드앤드푸어스 90
스티글리츠, 조지프 117
'시민연합 대 연방 선거관리위원회' 판
    결 132, 139-140
시스템 리스크 66, 119
시티 그룹 77, 79-80, 87, 112
신자유주의 120-123, 185, 206

ㅇ
《아동 마케팅 리포트》 178
아랍의 봄 195
아리스토텔레스 24-25, 31, 32, 206, 208
아메리칸토바코 177
아이젠하워, 드와이트 84

아이폰 78, 168
아인슈타인, 앨버트 191
아테네 24
알터넷 141
애더럴 52
《애드버타이징에이지》 180
애스펀 연구소 70
애플 61
앤더슨, 마이클 52-53
앨저, 호레이쇼 6
'에드워즈 대 사우스캐롤라이나 주'
    판결 201-202
에이머스, 어맨다 176
엘살바도르 44
〈연방주의자 논설〉 21
영국 왕좌재판소 33
오바마, 버락 66, 101, 112, 116, 171-172,
    180, 186
외부 효과 118
'우리는 이제 어디로 가야 하는가?' 연
    설 35
'운명의 날 시계' 191
워싱턴 대행진 204
워커, 스콧 150
《원자과학자회보》 191
《월스트리트저널》 70

윌슨, 우드로 145, 165
윌슨, 찰스 E. 89
윌킨슨, 리처드 25
유나이티드프루트컴퍼니 167
《유스마켓얼러트》 178
은행주택도시문제위원회(미국 상원) 73
인터넷 148, 168, 184, 195
임금 노예제 151

ㅈ

자동차 산업 67-68
《자유로운 노동의 두 배》 179-180
자유 승차 운동 204
재산 노예제 151
잭슨, 앤드루 50-51, 122
저스트키즈 178
전국광고인협회 180
전체주의 43
정률 소작농 179
정치의 투자 이론 135
《정치학》(아리스토텔레스) 24, 31, 32
제너럴모터스(GM) 78, 89, 133
제너럴일렉트릭(GE) 60, 134-135
제대군인사회복귀법 96-97, 107-108
제퍼슨, 토머스 23, 30
제페토 그룹 177-178

조겐슨, 폴 141
조르기의 심리학 169
주의력결핍 과잉행동장애(ADHD) 52-53
주택저당증권 119
중국 61-62, 65, 80, 88, 102, 153, 189
지구의 날 36
직업안전보건국 113
진, 하워드 196, 204

ㅊ

차터스쿨 42
채무 노예 180

ㅋ

카터, 지미 39
《컨슈머리포트》 168
케네디, 앤서니 135
케네디, 존 F. 165
케인스, 존 메이너드 57, 90
코먼코즈 50
코크 형제 150
크록, 레이 178
크루그먼, 폴 103, 117
크리머, 매슈 180
클린턴, 빌 111, 115, 137
키드커넥션 177

키드투키드 177
킹 2세, 마틴 루서 35, 206

ㅌ

타일러, 존 128
《타임스》대 설리번' 판결 202
타흐리르 광장 195
태프트-하틀리 법 148
투표권 법안 204
툴더, 롭 판 127
트럼프, 도널드 84, 137, 184-186
트루먼, 해리 157
티파티 137

ㅍ

파월 2세, 루이스 F. 47
《파월 메모》38, 47-49, 148, 171
《패스트푸드의 제국》177-179
패커드, 밴스 178
퍼거슨, 토머스 135, 141
페이지, 벤저민 I. 182, 197
페일린, 세라 172
〈포드 인력, 루이스의 노동조합 조직자
    들 진압, 철강 파업에 8만 명 참
    여, 싸움 중에 16명 부상〉156-157
포드, 헨리 77, 86

포드자동차 156
《포춘》48, 117, 127
〈폭로: 왜 석학들은 거액 기부금과
    2012년 선거에 관해 잘못 생각하
    고 있는가〉141
폭스콘 61
프랭컨스틴, 리처드 T. 156-157
프레이저, 더글러스 149, 158
프레카리아트 79
《프로파간다》165, 175-176

ㅎ

하글런드, 마가레타 176
해커, 제이콥 S. 124
헌법(미국) 20-23, 26-27, 101, 132, 134,
    140, 193, 201, 203, 207
헌법제정회의 21, 29
헤리티지 재단 113
헨드릭슨, 로버트 C. 89
현금 소작농 179-180
화이트, 해리 덱스터 57
환경보호청 113
환자 보호 및 부담 적정 보험법 101
'휘트니 대 캘리포니아 주' 판결 201
흄, 데이비드 164, 174, 206

불평등의
이유

기타

1787년 필라델피아에서 모인 헌법제정회
      의의 비공개 회의록과 논쟁 29-30
1퍼센트 7, 141, 183
JP모건체이스 101
KKK단 200

불평등의 이유

부와 권력이 집중되는 10가지 원리

초판 1쇄 발행 | 2018년 4월 9일
초판 7쇄 발행 | 2021년 1월 11일

지은이 | 노엄 촘스키
옮긴이 | 유강은

펴낸이 | 한성근
펴낸곳 | 이데아
출판등록 | 2014년 10월 15일 제2015-000133호
주소 | 서울 마포구 월드컵로28길 6, 3층 (성산동)
전자우편 | idea_book@naver.com
전화번호 | 070-4208-7212
팩 스 | 050-5320-7212

ISBN 979-11-89143-00-8 03900